학대를 경험한 아동

_학대 속에서 성장하고 있는 아이를 어떻게 도울 것인가?

| 아동과 청소년 문제해결 시리즈 6 |

학대를 경험한 아동

학대 속에서 성장하고 있는 아이를
어떻게 도울 것인가?

김유숙 · 최지원 · 김사라 지음

이너북스

'나는

잘못이 없다고 했잖아. 나는 좋은 사람이라 했잖아. 상처까지
안아 준다 했잖아. 역시 나는 자격이 없는 거지, 그대만을 하염없
이 기다렸는데, 그대 말을 철석같이 믿었었는데.' 가수 이적이 학
대_{유기}당하는 아동들의 심정을 가사로 표현한 내용 중 일부다.

가사의 내용처럼 학대받은 아동들은 자신을 학대한 보호자를
믿고 또 믿는다. 그리고 학대당하는 과정에서도 자신이 잘못해
서, 자격이 없어서 보호자에게 폭력을 당하는 것이 아닌지 스스
로를 의심한다. 아동기에 겪은 지속적인 학대는 아동의 삶과 미
래를 완전히 바꾸어 놓는다.

세상의 모든 아동은 자신이 믿고 사랑하는 사람들에게 보호
받을 권리가 있다. 그러나 불행하게도 우리 사회에는 자신에게

가까운 사람들에게서 보호받지 못하는 아동이 많다. 우리 사회는 이런저런 이유로 학대당하는 아동에게 무관심했고, 때로는 아동학대를 단순한 가족의 문제로 치부하고 넘겨 왔다. 그리고 부모는 아동을 자신의 소유물로 여기고 마음대로 통제하고 그것이 잘 안 될 경우에는 여러 종류의 학대를 아동에게 행해 왔다.

이처럼 사회의 보호막 없이 어린 시절부터 가정에서 학대당한 아동의 가장 비극적인 결말은 '폭력의 세습', 즉 '학대의 대물림'이다. 아동의 성장에 큰 후유증을 남기는 아동학대는 아동이 폭력을 배우는 계기가 된다. 잦은 학대는 아동이 어릴수록 아동의 폭력성을 강화시킨다. 학대를 경험한 아동은 부모가 된 후 학대에 대한 교육을 적절히 받지 못했기 때문에 자신의 폭력성을 인식하지 못하거나, 스트레스 상황에 부딪히면 자신도 모르게 자신이 겪었던 어린 시절의 경험과 기억을 자녀에게 그대로 행할 가능성이 크다. 즉, 아동학대의 악순환이 세대를 걸쳐 반복되는 것이다. 그러므로 '학대의 대물림'을 끊기 위해서는 아동학대를 단순한 가정의 문제가 아닌 사회의 문제로 보고 사회 안전망 안에서 아동학대 피해자 뿐 아니라 가해자에게도 관심을 가지고 개입해야 한다.

우리는 아동과 청소년에 대한 지속적인 임상 경험을 토대로 이 책을 썼다. 그동안 다양한 사례를 경험하면서 부모들이 자녀의 어려움을 정확하게 이해하지 못한 채 눈앞에서 벌어지는 여러 문제에 당황하는 것을 자주 보았다. 어떤 부모는 실제 문제보다 과장해서 바라보며 지나친 반응을 보이기도 하고, 어떤 부모는 무심히 지나쳐 버리기도 한다. 우리의 경험에 의하면 어느 쪽이든 부모가 자녀의 어려움을 정확히 이해하지 못하면 문제를 해결하는 데 도움이 되지 않는다.

2018에 방영한 아동학대를 다룬 드라마 〈마더〉에서 인상 깊었던 장면이 있다. 법정에서 아이를 학대한 엄마에게 다른 엄마가 "아이는 네 소유물이 아니야. 어떤 아이도 엄마의 소유물이 아니야."라고 말한 대목이다. 이 말을 모든 부모와 사회가 기억한다면 아동학대 문제를 해결하는 데 도움이 될 것이다.

우리는 아동·청소년을 둘러싼 가족이나 전문가에게 도움을 주고 그들과 관련 지식을 함께 나누고 싶다는 열망을 가지고, 상담 현장에서 자주 볼 수 있는 몇 가지 문제를 선택하여 '아동과 청소년 문제해결 시리즈'를 구성했다. 이 시리즈는 기본적으로 세 파트로 구성되어 있다. 첫 번째 파트는 각 문제 행동에 대한 정확한 이해를, 두 번째 파트는 이들을 돌보는 가족이나 전문가에 대한 조언을, 세 번째 파트는 이들과 상호 교류하는 데 유용한 여러 가지 놀이나 게임을 소개했다. 우리는 이 책을 통해 아동학대를 둘러싼 가족이나 전문가에게 도움을 주고 그들과 관련 지식을 함께 나누고 싶었다.

이 책의 출판과 관련하여 많은 분에게 감사한다. 아동과 청소년의 문제를 다루는 도서는 현장의 경험을 토대로 한 실제적인 부분이 다루어져야 한다는 의견에 동의하면서 책의 출판을 권유해 준 학지사의 김진환 사장님과 세심하게 편집을 해 준 김서영 씨에게 감사드린다. 그러나 무엇보다도 우리에게 많은 지식을 준

내담자들이 없었다면 아무것도 할 수 없었을 것이다. '아동과 청소년 문제해결 시리즈'의 모든 지식은 그동안 우리와 함께했던 내담자들을 통해 배운 것이라는 점을 밝히면서 우리와 시간을 함께한 일일이 이름을 밝힐 수 없는 많은 분에게 감사를 전한다.

한스카운셀링센터에서

저자 일동

Part 1

아동학대를
어떻게 이해할 것인가?

아동학대의 이해

2017년에 개정된 「아동학대범죄의 처벌 등에 관한 특례법」에 따르면 '아동학대兒童虐待, child abuse, child maltreatment, cruelty to children'란 만 18세 미만의 아동에 대해 보호자를 포함한 성인이 아동의 건강 또는 복지를 해치거나 정상적 발달을 저해할 수 있는 신체적·정신적·성적 폭력이나 가혹행위를 하는 것을 말한다.

또한 아동에게 기본적으로 제공되어야 할 것을 제공하지 않고 내버려 두는 방임과 아동을 아예 버리는 유기도 아동학대에 포함된다. 때로는 미혼모 중 아이들을 양육하거나 입양 보내지 않고 여러 제도적·환경적인 이유로 태어난 지 얼마 지나지 않은 신생아를 베이비박스 같은 곳에 넣어 놓고 가는 사람도 있다. 아이를 안전한 베이비박스에 넣고 갔기 때문에 길거리에 방치한 것과는 다르다고 생각할지 몰라도 이것 역시 유기에 해당한다. 이처럼 아동학대란 아동에 대한 신체적·정서적·성적인 학대로, 가해자는 여러 유형이 있지만, 불행하게도 부모와 가정이라는 장소에서 가장 많이 이루어진다.

아동학대에는 신체적 학대, 심리적 학대정서적 학대, 경제적 학대, 성적 학대, 방임이 있는데, 이 중 신체적 학대와 심리적 학대정서적 학대가 공동으로 가장 많이 발생하며, 그다음으로 많이 발생하는 종류는 방임이다. 그런데 아동학대 중 방임의 비율이 의외로 높다는 점에 주목할 필요가 있다. 이는 부모가 기본적으로 아동에게 제공해야 할 의식주를 제공하지 않거나 부모로부터 보호받아야 할 아동이 부모의 무관심 속에서 방치되는 경우가 많다는 것을 의미한다. 또한 신체적 학대가 높은 이유는 많은 부모가 아동학대를 훈육이라고 잘못 생각하고 있다는 것을 엿볼 수 있다. 이 때문에 많은 부모들은 아동학대를 다소 강한 훈육의 연장선으로 생각하기 쉽다. 하지만 훈육과 학대는 다르다. 훈육은 부모가 바른 방법으로 자녀를 가르쳐 자녀에게 사랑을 주는 것이며, 아동학대는 훈육 중 부모의 감정이 투사되어 교육의 차원을 넘어 자녀를 때리거나, 자녀에게 화를 내거나 무관심하고 방관하는 행동이다. 아동학대는 훈육이 아니며 더 나아가 범죄라고도 말할 수 있으며, 때로는 아동학대로 인해 아동이 사망하는 경우도 발생한다.

아동학대는 아동의 삶 전체에 영향을 미친다. 학대받은 아동은 성장하여 청소년기를 거쳐 성인이 되었을 때 다른 범죄를 선택하는 경우도 있다. 1990년대에 군인인 아버지에게서 오랫동안 학대를 당해 온 대학생이 부모를 살해하고 그 시체들을 유기해 사회에 큰 파장을 일으킨 사건이 있었다. 이는 아동학대가 학대 그 당시의 문제에 그치지 않고 얼마나 오랫동안 개인의 삶에 영향을 미치는지를 알 수 있는 한 예다.

아동학대의 유형

신체적 학대

주방 보조일을 하는 민옥 씨는 결혼 4년 만에 남편과 이혼하고 5세, 3세 딸을 홀로 키웠다. 아이들을 위해 열심히 일했지만 생활은 나아지지 않았고, 생계에 대한 책임과 혼자서 두 아이를 양육해야 한다는 스트레스를 두 딸을 때리는 것으로 풀었다. 민옥 씨는 자녀들이 말을 듣지 않는다, 밥을 잘 먹지 않는다와 같은 이유로 나무 주걱과 행거 등으로 큰딸을 때리는 등 매질을 반복했다. 육아를 혼자 감당하기 힘들었던 민옥 씨는 가게의 손님으로 만난 철수 씨와 동거를 시작했고, 철수 씨는 민옥 씨의 큰딸이 말을 듣지 않는다는 이유로 전기 주전자로 끓인 뜨거운 물을 큰딸의 팔에 붓는 등의 행위를 했다.

앞 사례에서처럼 민옥 씨가 딸들에게 행한 행동은 신체적 학대에 포함된다. 이처럼 신체적 학대란 부모나 양육자가 아동에게 손, 발 또는 여러 가지 도구를 사용하여 신체적인 손상과 고통을 주는 경우를 가르킨다. 또한 아동의 연령에 적합하지 않은 일을 시키는 노동 착취나 정서적 학대를 동시에 행하는 경우도 포함된다. 보호자를 비롯한 성인이 생후 36개월 이하의 영아에게 가하는 체벌 행위 역시 심각한 신체적 학대에 해당된다_{중앙아동보호전문기관,} ₂₀₁₄. 신체적 학대의 예로는 때리기, 흔들기, 화상 입히기, 물어뜯기, 질식시키기 등이 포함된다_{이현순, 2014}.

{ 정서적 학대 }

6세 창수의 부모님은 최근 들어 자주 다투곤 하신다. 창수의 부모님은 싸울 때 소리를 지르고 물건을 던지기도 한다. 창수 엄마는 최근 들어 창수가 어린이집 친구들과 잘 어울리지 못하고 혼자 논다며 상담을 요청했다. 상담사가 창수에게 부모님은 '왜' 싸운다고 생각하느냐는 질

문에 창수는 무미건조하게 "엄마와 아빠가 싸우고 싶어서요. 아마 기분이 좋지 않아서 싸우는 거 같아요. 엄마, 아빠는 아침과 밤에 싸우는데 주로 밤에 심하게 싸워요."라고 대답했다. 상담사가 "그때 너는 무엇을 하니?"라고 묻자, "그냥 텔레비전을 보지만, 너무 시끄러울 때는 방으로 들어가 버려요."라고 답하였다. 상담사가 "부모님이 싸울 때 네 기분은 어떠니?"라고 묻자, 창수는 많이 무섭기도 하지만 하지 말라고 하면 어떤 때는 엄마, 아빠가 미안하다고 하고 어떤 때는 자기에게 시끄럽다고 소리를 지르며 엄청 화를 내기 때문에 어떻게 할 수 없다고 했다.

정서적 학대란, 「아동복지법」 제17조에 아동의 정신건강 및 발달에 해를 끼치는 학대 행위로 정의된다. 정서적 학대는 아동의 인성 발달에 손상을 입히는 행위로, 언어적·정서적 위협, 감금, 가학적 행위가 포함된다. 부모가 자녀에게 욕설하고 협박하거나 모욕을 주며 소리를 지르고 비난하는 것, 무시하는 것, 빈정거림 등도 정서적 학대에 해당된다. 또한 아동의 인격, 존재, 감정이나 기분을 심하게 무시하거나 모욕하는 행위, 고의적·반복적으로 아동에게 의식주를 제공하지 않는 행위도 정서적 학대에 포함된다이현순, 2014.

　뿐만 아니라 창수의 사례처럼 아동에게 직접적으로 위해를 가하지 않더라도 부모의 예측 불가능한 반응, 부정적 분위기, 가족 간의 불화의 연속, 이중 메시지 등도 정서적 학대에 포함된다. 창수처럼 정서적 학대는 외관상 드러나지 않기에 심각성을 느끼지 못하는 경우가 많다. 그러나 아동이 '사랑받고 있다, 나는 원하는 존재며, 편안하다, 가치 있다'는 감정을 느끼지 못하고 성장하기 때문에 정서적 학대는 정서적 발달과 사회성 발달에 문제를 가져오며, 대인관계가 원만하지 못한 경우가 많다.

{ 방임 }

　방임은 고의적이고 반복적으로 아동양육 및 보호를 소홀히 해서 아동의 건강과 복지를 해치거나 정상적인 발달을 저해할 수 있는 모든 행위를 말한다. 다음 사례는 게임중독으로 인한 방임의 사례다.

창식 씨와 해숙 씨는 고등학생 때 동거하여 딸 하나를 낳았다. 그러나 이들 부부가 온라인 롤플레잉 게임에 빠져 캐릭터 속의 인물에게 옷과 장신구를 사 주고 육아 일기까지 써 주던 사이, 현실의 친딸은 썩어 가는 분유를 먹었고, 아이의 엉덩이는 갈아 주지 않는 기저귀 때문에 짓무르고 있었다. 결국 숨진 채 발견된 친딸의 사인은 '장기간 영양결핍으로 인한 기아사'였다.

최근 들어 게임중독으로 인한 아동의 방치는 방임의 대표적인 사례로, 심각한 사회문제가 되고 있다.

미나는 초등학교 6학년이지만 키가 130cm가 채 안 된다. 미나의 옷은 언제나 더럽다. 미나는 엄마가 피우는 담배 냄새와 잘 씻지 않아 몸에 밴 악취로 같은 반 아동들로부터 따돌림을 당한다.

방임의 개념은 단지 부모가 아이를 위험으로부터 보호하지 않고 내버려 두는 상황만을 말하는 것이 아니다. 앞 사례와 같이 아동의 부모가 아동을 신체적으로 학대하거나 혼자 버려 두지는 않지만, 아동이라면 당연히 보호받고 누려야 할 깨끗한 위생 상태에서 성장할 권리를 누리지 못하고 있는 상황 자체가 방임이다. 방임된 아동은 위험한 환경에 처하거나, 앞의 경우처럼 충분한 영양을 공급받지 못해 발육부진이 되는 경우가 많으며, 때로는 치명적인 결과장애를 가져오거나 사망에 이르기도 한다. 또한 앞의 사례처럼 청결하지 않은 외모로 인해 아동이 학교에서 집단 따돌림을 받기도 하는 등 방임으로 인한 다른 여러 문제가 야기될 수 있다. 방임은 아동의 신체적 발육과 안전뿐 아니라 정서와 또래 관계에도 부정적인 영향을 미칠 수 있다. 다음은 방임의 유형에 대해 정리한 내용이다.

신체적 방임	• 몸이 더럽고 악취가 난다. • 머리 모습이 단정하지 못하다. • 손톱/발톱이 너무 길다.
식생활 방임	• 힘이 없고 자주 어지럽다고 말한다. • 나이에 비해 지나치게 신체가 왜소하다.
의생활 방임	• 기저귀를 갈아 주지 않아 욕창이 생긴다. • 날씨에 맞지 않는 옷을 입고 다닌다.
주생활 방임	• 아동이 전기, 수도, 가스 등 사회기반시설의 노후로 인해 안정성이 결여된 장소에서 생활한다. • 보호자가 아동을 가정에 두고 나가서 아동 혼자만 집에 남겨진다.

교육적 방임	• 보호자가 아동을 학교(의무교육)에 보내지 않거나 아동의 무단결석을 허용하여 아동이 자주 지각하거나 결석을 한다.[*] • 아동이 욕을 해도 가만히 두고, 거짓말을 해도 내버려 둔다. • 아동의 학교 준비물이나 숙제를 챙겨 주지 않는다. • 아동이 배우고 싶어 하는 특별한 교육적 욕구를 무시한다.
의료적 방임	• 아동에게 필요한 의료적 처치나 상처를 치료하지 않아 치료되지 않은 상태에서 상처가 방치된다. • 예방접종이 필요한 아동에게 예방접종을 실시하지 않는다. • 장애 아동에 대한 치료적 개입을 거부하여 아동이 방치된다.
성적 방임	• 아동이 나이와 성에 어울리지 않는 옷차림으로 다닌다. • 아동이 야한 동영상이나 사진 등을 보는 것에 대해 제재하지 않는다.
정서적 방임	• 아동의 나이에 맞지 않는 미디어 프로그램을 시청하게 한다. • 아동이 하는 인터넷이나 게임 등에 무관심하다. • 아동이 오랜 시간 미디어에 노출되어 있는 것에 무관심하다. • 보호자의 기분에 따라 아동에게 화나 짜증을 낸다.
그 밖의 방임	• 아동의 출생신고를 하지 않는다. • 보호자가 아동을 병원에 입원시키고 사라진다. • 보호자가 아동을 시설 근처에 두고 사라진다. • 보호자가 친척에게 연락하지 않고 무작정 아동을 친척 집 근처에 두고 사라진다.

출처: 네이버 지식백과(http://terms.naver.com) 재구성.

이 밖에 방임에는 유기도 포함된다. 유기는 영아나 아동을 보호받지 못하는 상태에 두는 것으로 영아나 아동유기는 고대사회

---

[*] 「교육기본법」 제8조제1항에 의하면 의무교육은 6년의 초등교육과 3년의 중등교육을 의미한다. 「초·중등교육법 시행령」 제25조제1항에 의하면 무단결석이란 정당한 사유 없이 계속해서 7일 이상 결석하는 경우를 의미한다.

로부터 근대사회에 이르기까지 보편화되었던 아동학대의 또 다른 유형이다. 부득이한 사정으로 아이를 키울 수 없는 부모가 예전에는 남의 집 대문 앞에 자신의 아이를 버리고 갔는데, 요즘은 베이비박스에 아이를 두고 간다. 시대에 따라 방법은 다르지만 이 같은 행위가 대표적인 유기의 예다. 영아나 아동 유기는 누군가에 의해 발견된다면 생명을 건질 수도 있다는 희망을 가지고 영아나 아동을 버리는 행위이기는 하나, 즉시 발견되지 못하면 영아나 아동이 생명을 잃을 수도 있다는 점에서 영아 살해의 일종이라고 볼 수 있다.

성적 학대

7세 진아는 키 크고 멋있는 16세 옆집 오빠를 좋아한다. 어느 날 오빠가 진아를 보고는 자신의 집에서 재미있는 놀이를 하자고 했다. 그러고는 오빠 집 컴퓨터에서 여자와 남자가 옷을 벗고 안고 있는 영상을 보여 주면서 진짜 엄마, 아빠들은 이런 걸 하는데 우리도 지금부터 진짜 엄마, 아빠 놀이를 해 보면 어떻겠냐고 하며 진아의 성기를 보여 달라고 했다. 진아는 갑자기 무서운 생각이 들어 "안 돼, 그건 나에게 소중한 거야!"라고 말한 후 집으로 도망쳐 왔다.

성적 학대란 성인이나 나이가 많은 아동이 성적인 자극이나 충족을 목적으로 18세 미만의 아동에게 성적 행위를 하는 것으로, 성적 폭행과 성적 착취, 성적 유희, 자위행위 장면의 노출, 성적 접촉 등이 포함된다. 앞의 사례와 같이 아동에게 야한 동영상을 보여 주고 놀이를 하는 것처럼 상황을 착각하게 하여 성적 행위를 시도하려는 행동 역시 성적 학대에 포함된다. 가족 내 성적 학대는 가족 및 친인척 사이에서 발생하고, 가족 외부의 성적 학대는 아동과 인연이 있는 사람 또는 낯선 사람에 의해 발생한다. 또한 성인이 힘을 이용해 아동을 제압하는 것뿐 아니라 아동의 두려움을 이용하거나, 놀이나 아동이 관심을 보이는 애완동물 등을 성적 상황에 이용하기도 한다. 아동이 사랑하는 사람, 예를 들면 부모님 또는 아동의 형제 등을 위협할 것이라고 협박해 아동에게 공포를 조성하거나, 심리적으로 고립시켜 자신의 성적 행위를 충족시키는 행위 역시 성적 학대에 포함된다. 가해자가 아동에게 호감을 얻거나 돈독한 관계를 만들어 심리적으로 지배한 뒤 성폭력을 가하는 그루밍Grooming 성폭력 역시 아동 성학대의 단면적인 예다. 그루밍 성폭력성범죄은 가해자가 아동에게 계획적으로 접근해 공통의 관심을 나누거나 원하는 것을 들어주면서 신뢰를 쌓은 후 아동이 자신에게 의존하도록 만들어 성범죄를 가하는 것을 뜻한다. 가해자는 아동에게 성적 행위를 할 뿐 아니라 아동이 그 행동을 자연스럽게 받아들이도록 길들인다. 만약 아동이 이를 벗어나려고 하면 회유하거나 협박해 폭로를 막는다. 그루밍 성폭행은 아동이 보통 자신이 학대당한다는 걸 인식하지 못하고 표면적으로 가해자와의 성적 관계에 동의한 것처럼 보여 그 문제가 심각하다.

성적 학대를 받은 아동은 기억하기 싫은 사건을 무의식 속으로 숨겨 버리고 잊어버리기도 하지만, 아동이 성장하면서 그 기억이 재생되어 수치심, 적개심, 낮은 자아존중감, 우울, 무기력, 불안, 강박장애**, 분노조절장애*** 등을 갖게 되기도 한다. 아동의 성적 학대는 대부분 피해자가 아는 사람에 의해 이루어지고, 가해자가 형제, 아버지, 의붓아버지, 할아버지와 같이 친인척인 경우도 빈번하기 때문에 문제의 심각성은 더 크다.

2016년 전국 아동학대 보고서에 따르면 중복학대가 48%로 가장 높았고, 그다음으로는 정서적 학대 19.2%, 신체적 학대 14.5%, 방임 15.6%, 성적 학대 2.6% 순이었다. 이처럼 아동학대는 신체적 학대, 정서적 학대, 방임, 성적 학대 중 한 가지 학대만 지속되기보다는 신체적 학대와 정서적 학대, 방임과 성적 학대, 신체적 학대와 방임 등과 같은 중복학대 비율이 점점 높아지고 있다. 또한 정서적 학대 역시 점차 증가하는 실정이다.

학대가 아동에게 미치는 영향

아동학대는 잘못된 훈육일까? 아니면 범죄일까? 우리나라의 전래동화나 위인전에서 주인공의 잘못된 행동을 부모가 회초리로 다스리고, 그 후 주인공은 부모님의 훈육을 통해 큰 깨달음을 얻

** 강박장애(obsessive compulsive disorder)는 강박적 사고(obsession)와 반복적인 행동(compulsion)을 주로 보이는 불안장애의 하위 유형이다. 예를 들면, 지나치게 손을 자주 씻는다거나, 같은 순서대로 매일 샤워를 하거나, 반복적으로 청소를 하고 지나치게 정리정돈을 하는 등 같은 행동을 반복적으로 하는 것이 강박장애에 해당한다.

*** 분노조절장애는 화가 나는 상황에서 분노를 참거나 조절하는 데 어려움을 겪는 것이다. 사소한 일에 갑작스럽게 화를 주체하지 못하고 폭발적으로 소리를 지르거나 물건을 던지는 등의 행동, 화를 내는 것이 효과적이라고 생각해서 습관적으로 화를 내는 것 등이 분노조절장애에 속한다.

고는 훌륭한 사람이 된다는 대목이 자주 등장한다. 이것은 예로부터 우리나라는 훈육을 위해 부모가 자식에게 매질을 하는 행위가 허용적이었음을 알 수 있다. 또한 가정 내 문제는 가정 안에서 해결해야 한다는 인식이 강하기 때문에 '내 자식 내가 야단치는데 그게 어떻게 범죄까지 될까'라고 생각할 수 있다. 그러나 아동학대는 범죄다. 우리나라의 「아동학대범죄의 처벌 등에 관한 특례법」 제2조제4호에 따르면 아동학대를 범죄_{부록 참조}로 정의하고 있다. 아동학대는 법적으로 처벌을 받는 행위일 뿐만 아니라 아동에게 신체적·정서적·행동적·인지적·사회적 영향을 준다. 또한 학대받은 아동은 성장한 후에도 학대로 인한 후유증을 가질 수 있다.

다음의 수철이 이야기를 통해 아동학대가 아동에게 어떤 영향을 미치는지 생각해 보자.

초등학교 5학년 수철이는 14세 누나와 아버지, 어머니와 함께 살고 있다. 수철이 아버지는 어머니가 수철이 누나를 임신한 후 5개월째부터 수철이 어머니를 때리기 시작했다. 처음에는 뺨 한 대를 때리는 것으로 시작했던 구타가 어머니가 참고 넘어가길 반복하자 발로 차고 아령으로 때리고 칼로 위협하는 등 폭력의 강도가 점점 심해졌다. 수철이 아버지가 어머니를 때리는 데 이유는 다양했다. 반찬이 마음에 들지 않아서, 청소가 마음에 들지 않아서, 어머니가 아버지 말에 수긍하지 않아서, 때로는 수철이가 물건을 떨어뜨려서 깨거나 누나와 싸워도, 수철이가 한글을 모르는 것도 아버지는 어머니 때문이라고 하며 어머니를 때렸다. 그럴 때마다 수철이는 엄마가 자기 때문에 맞는다고 생각하여 아버지에게 엄마를 때리지 말라고 울면서 빌었지만 소용이 없었다. 그러면 수철이 아버지는 수철이 역시 발로 차거나 몸을 끈으로 묶어 온기가 없는 방에 가두곤 하였다.

그날도 수철이 아버지는 일하는 어머니에게 술과 냉면과 만두를 사오라고 해서 어머니는 일하다 말고 점심시간에 냉면과 만두를 사 들고 부랴부랴 집으로 갔다. 수철이 아버지는 냉동 만두가 아니라 손 만두를 원했는데 어머니가 일부러 자신이 원하지 않는 것을 사 왔다며 화를 내고는 학교에 있는 아이들을 집으로 데리고 오게 했다. 어머니가 학교에 있는 아이들을 데리고 올 수 없다고 하자, 집에 있는 물건을 부수고 야구방망이로 어머니를 때리기 시작했다. 그러고는 학교에서 돌아온 수철이 앞에서 수철이가 소중히 키워온 햄스터 한 마리를 벽에 던졌다. 햄스터는 내장이 터져 죽었다. 그리고 나머지 한 마리는 머리를 때려 머리에 피가 나서 죽었다. 수철이는 그날을 이렇게 기억한다. '아빠가 내 친구와 가족을 죽였어요. 그리고 언젠가는 나도 햄스터처럼 그렇게 죽일지 모른다고 생각해요.'

그날 이후부터 수철이는 학교에서 친구들을 때리기 시작했다. 친구들이 장난으로 수철이를 건드리기만 해도 수철이는 화가 났고, 그러다 보

Part 1 | 아동학대를 어떻게 이해할 것인가? |

면 어느 순간 친구들을 때리고 있었다. 그리고 햄스터를 지켜 주지 못한 엄마에게도 화가 나서, 엄마가 수철이가 원하는 것을 들어주지 않거나 수철이가 하고 싶지 않은 일을 시키면 화를 내고 심지어 엄마를 발로 차기도 한다.

아동학대로 인해 수철이가 받은 영향을 정리해 보면 다음과 같다.

☆ 언제, 어느 순간 자신과 엄마가 아버지에게 맞을지 몰라 불안하다.
☆ 엄마가 자신 때문에 맞는다고 생각하여 죄책감을 가지고, 이로 인해 자신에 대해 부정적인 생각을 갖는다.

☆ 자신은 이 상황을 해결할 수 없다고 생각하는 무능력감과 우울감을 갖는다.

☆ 우리 집에서 일어나는 사실을 누구에게도 이야기할 수 없는 비밀을 가지게 된다.

☆ 햄스터가 죽은 것처럼 자신이 소중하게 생각하는 무언가를 잃을 수 있다는 슬픔을 느끼고, 언제든지 자신도 햄스터처럼 될 수 있다는 생각에 공포를 느낀다.

☆ 분노, 화 등의 감정 표현을 타인을 공격하는 등의 부정적인 방법으로 표현한다.

☆ 일어나면 안 되는 일들이 지속적이고 반복적으로 일어나는 상황에 분노한다.

☆ 무능력하고 상황을 바꾸지 못하는 엄마에게도 원망하는 마음을 가지며, 엄마를 때리는 공격적인 행동으로 분노를 표현하고 있다. 즉, 폭력이 세대 간에 전승되고 있다.

☆ 자신에게 소중한 존재엄마, 햄스터를 지키지 못했다는 자책감과 함께 아무것도 할 수 없는 자신에 대해 무기력하게 느끼며 이러한 상황이 지속될 경우는 만성적인 우울증에 시달리기도 한다.

이처럼 학대받은 아동은 신체적 · 정서적 · 행동적 · 인지적 ·

사회적으로 부정적인 영향을 받는다. 학대받은 아동의 모습을 떠올려 보자. 이들은 자주 몸이 아프고 우울함, 슬픔 그리고 두려움을 가진다. 때로는 자신의 잘못이라는 죄책감을 가지기도 한다. 또한 자기표현이나 자기주장을 어려워하고, 가끔은 화가 나는 감정을 다른 사람을 때리는 방법으로 표출하기도 한다.

　다음은 일반적으로 아동학대를 경험한 아동이 보이는 신체적 · 정서적 · 행동적 · 인지적 · 사회적 영향을 정리한 것이다.

신체적 영향

- 피곤해한다.
- 감기에 자주 걸린다.
- 잦은 두통과 복통, 천식 등 원인을 알 수 없는 신체적 고통에 시달린다.
- 신체적 고통에 반응이 별로 없다.

정서적 영향

- 아동 스스로가 잘못해서 어머니가 맞는다고 생각하고 이로 인해 죄책감을 가진다.
- 자신이 부모님의 폭력을 단절시킬 수 없다는 생각에 스스로 무능력감을 느낀다.
- 부모가 싸울 때 어느 쪽에도 설 수 없기 때문에 혼란스럽다.
- 불안과 수치심을 느끼며, 우리 집에서만 일어나는 비밀을 아무에게도 이야기하지 못하고 혼자 간직해야 하기 때문에 외롭다.
- 이해되지 않고 일어나서는 안 되는 일이 일어나는 상황에 화가 나는데 왜 자신이 화가 나는지 잘 모른다.
- 아동 혼자 있는 시간이 많고 표정이 어둡거나 멍한 표정을 자주 짓는다.
- 결국 부모 중 한 사람을 잃는다는 슬픔을 가지고 있다.
- 한쪽 부모와 떨어지게 되는 경험을 통해 자신 역시 버림받을까 봐 두려움과 원망감을 가지고 있다.
- 우울하다.

행동적 영향

- 다른 사람들에게 자신의 이야기를 쉽게 털어 놓지 못한다.
- 자기표현 및 자기주장에 어려움을 가진다.
- 지나치게 수동적이고 방어적인 태도를 보인다.
- 자주 운다.
- 분노, 화 등의 감정을 타인을 때리거나 공격하는 등의 부정적인 방법으로 표현한다.
- 자주 악몽을 꾼다.
- 잦은 지각과 결석, 등교거부, 가출을 반복한다.

인지적 영향

- 자신은 잘하는 것이 없다고 생각하는 등 자존감이 낮다.
- 자신에 대해 부정적으로 생각한다.
- 부모의 역할과 남성과 여성에 대해 왜곡된 시각을 가진다.
- 자신도 모르게 폭력에 대해 당연하다고 생각한다.
- 자신이 원하는 것을 얻기 위해, 때로는 분노를 표현하기 위해, 힘을 얻기 위해 가까운 이들을 때려도 괜찮다는 생각을 갖게 된다.

나는 어릴 때 더 맞았어! 잘못했으면 맞아야 해!

사회적 영향
• 다른 사람을 잘 믿지 못하는 등 신뢰감 형성에 어려움을 겪는다.
• 다른 사람과의 관계에서 친밀감을 형성하는 데 어려움을 겪는 등 대인관계 기술이 부족하다.
• 갈등이 발생했을 때 지나치게 수동적이거나 공격적이다. 갈등을 원만하게 해결하는 기술이 부족하다.
• 다른 사람으로부터 스스로 고립되거나 따돌림을 당하기도 한다.
• 폭력가정에서 성장한 자녀는 자신도 쉽게 배우자와 자녀에게 폭력을 휘두르는 등 폭력이 세대 간으로 전승된다.

출처: 네이버 지식백과(http://terms.naver.com/entry.nhn?docId=2119612&cid=51004&categoryId=51004) 재구성.

　　모든 아동은 정상적인 발달과정에서 행복, 즐거움, 기쁨, 만족감과 같이 긍정적인 감정뿐 아니라 공포, 걱정, 불안 부끄러움, 분노 등과 같은 부정적인 감정을 느끼며 성장한다. 공포나 걱정, 불안감과 같은 감정을 가질 때 아동의 부모는 이에 따른 적절한 양육을 하는 것이 필요하다. 안전하고 보호받는 양육 환경 안에서 아동은 긍정적 감정뿐 아니라 부정적 감정도 스스로 통제하고 해결하는 과정을 배우고, 이를 통해 건강한 성인으로 성장한다. 그러나 학대받은 아동은 자신이 통제할 수 없을 정도로 극도로 불안한 환경 안에서 다른 사람과 친밀한 관계를 맺는 것에 두려움을 갖거나 지나치게 다른 사람에게 매달리는 등 관계 형성에 어려움을 보인다. 때로는 무기력하고 걱정이 많고 혼란된 상태의 특성을 보이기도 한다. 학대 아동은 전반적으로 불안정하고 정리되지 않은 애착 유형을 나타낸다. 여기에서 애착 유형이란 영아와 보호자 사이에 형성되는 긍정적 애정 관계를 의미한다. 영아 때 발달하는 애착 형성이 기초가 되어 영아는 성장하면서 사회 환경에 적절하게 적응하고 원만한 대인관계를 형성할 수 있는 능력을 갖게 된다. 볼비John Bowlby는 애착 유형을 안정애착, 저항애착, 회피애착, 혼란애착의 네 가지로 분류하였다. 이 중 저항애착, 회피애착, 혼란애착은 불안정애착에 포함된다. 볼비의 애착 유형에 대해 좀 더 자세히 살펴보면 다음과 같다.

첫째, 안정애착은 낯선 상황에서 영아가 보호자주로 어머니와 함께 있는 동안 적극적으로 주변을 살펴보다, 어머니가 갑자기 사라지면 눈에 띄게 혼란스러워 하고 때로는 울기도 한다. 그러다 어머니가 돌아왔을 때 양육자를 따뜻하게 맞이하고 안기는 등의 행동을 보인다. 안정애착을 형성한 영아는 어머니와 있으면 낯선 사람들과도 잘 지낸다.

둘째, 저항애착은 낯선 상황에서 영아는 어머니 가까이에 있기는 하지만 주변을 거의 살펴보지 않는다. 그리고 어머니가 자신 앞에 보이지 않으면 매우 스트레스를 받는다. 어머니가 돌아왔을 때 화를 내고 어머니가 영아를 안으려 할 때 저항하기도 한다. 그럼에도 영아는 어머니 옆에 있고 싶어 한다. 저항애착을 보이는 영아는 주 양육자가 옆에 있어도 낯선 사람을 보면 경계하고 뒤로 숨는다.

셋째, 회피애착은 낯선 상황에서 어머니와 분리되었을 때 스트레스를 덜 받고 어머니를 찾지 않는다. 뿐만 아니라 어머니가 돌아와서 영아에게 관심을 보일 때조차 계속 돌아서서 어머니를 무시한다. 이런 회피애착을 형성한 영아는 자주 낯선 사람들에게 사교적이지만 때로는 어머니를 회피하거나 무시하는 것과 같은 방식으로 주변 사람들을 무시하고 회피할 수 있다. 만약 영아가 다가오고 접촉하려는 것을 어머니가 반복적으로 거절하면 영아에게 회피애착이 형성될 수 있다. 아동학대 아동 중 방임 아동이 대표적으로 회피애착을 형성한다.

넷째, 혼란애착을 형성한 영아는 낯선 상황에서 애착 유형 중 가장 큰 스트레스를 받고 가장 불안해한다. 영아는 어머니에게 접근할지 아니면 회피할지에 대한 갈등을 행동으로 표현한다. 즉, 어머니와 재결합했을 때 영아는 멍하고 얼어붙은 듯 행동한다. 그러다 어머니가 가까이 다가오면 어머니 쪽으로 움직이다가 갑자기 멀리 피하는 두 가지 패턴을 모두 보이곤 한다. 만약 평소에 어머니가 영아가 다가오는 것을 어떤 때는 허용했다 어느 순간에는 거부하고, 때로는 혼내거나 화를 낸다면 영아는 이중적인 혼란애착 관계를 형성할 수 있다송길연 외, 2009.

이처럼 평소에 보호자의 예측되지 않는 행동과 상황을 지속적으로 경험하면 아동이 예측하기 어렵고 두려운 상황에 대해 극도의 경계심을 가지게 되고, 이는 불안과 공포의 반응을 유발시키는 자극이 되기도 한다. 또한 아동은 자신의 마음이 무엇인지를 알아차리거나 조절하는 것이 어렵고, 자신의 생각을 표현하는 것을 금지하는 경향을 띠기도 한다. 그리고 타인과 환경에 대해서 지나치게 민감하게 반응하고 이것을 통제하기 위해 다양한 방법을 선택하게 된다. 따라서 학대는 아동이 자신의 정서적 감정이나 충동의 강도를 통제하는 능력을 상실하거나 혼란스럽게 하며, 이런 능력의 부족은 두려움이나 우울과 같은 내면화 문제나 적대감, 공격성과 같은 외현화 문제로 표현된다.

유아기에 발달하는 자기조절은 새로운 상황에 적응하는 능력과 자신과 타인에 대한 관점을 발달시킨다. 그러나 학대받은 아동은 자신이나 자기 세계에 대한 핵심적인 긍정적 믿음이 부족하고, 그 대신 나쁜 자기상, 자기 비난, 수치, 분노와 같은 부정적 자기상을 발달시킨다. 이런 부정적 자기상은 아동의 감정적 반응을 조절하는 능력을 손상시키고 낮은 자존감을 갖게 한다. 또한 이런 부정적 인지사고의 반복은 정체감 형성에 영향을 미치며, 아동은 자신에 대해 무기력감과 배반감을 느끼게 된다.

학대받은 아동은 타인의 악의 없는 의도도 공격적으로 생각하고 슬픔과 분노와 같은 부정적 정서 반응으로 이를 표현한다. 학대받은 여아는 수치나 자기 비난, 우울과 같은 내면화된 경향을 더 많이 보이며, 남아는 높은 수준의 신체적·언어적 공격성을 보인다.

학대받은 아동은 건강한 관계를 맺기보다는 지배와 복종이라는 가해자와 희생자의 두 요소로 나누어 생각하기 때문에 또래와 상호작용을 하는 동안 공격자와 희생자_{피공격자}의 역할을 한다. 학대받은 아동에게서 보이는 또래 관계의 일반적 속성은 다음과 같다. 첫째, 신체적으로 학대받은 아동은 시간이 지나면서 공격성과 부정적 관심 끌기와 같은 행동을 자주 한다. 둘째, 분노와 적대감을 타인의 탓으로 돌리고 공감 능력이나 사회적 기술이 부족하다. 셋째, 학대받은 아동 중 특히 방임된 아동은 또래와의 상호작용을 피하고 수동적이며, 심할 경우 모든 상황에서 무기력하고 자신을 철회하고 고립하려 한다. 넷째, 학대받은 아동은 성공

할 수 있다는 자신의 능력에 대한 신념이 부족하다. 다섯째, 새로운 상황에 직면할 때 독립성 또한 부족하다. 여섯째, 방임된 아동은 성장 과정 동안 언어 자극이 부족하고 교육 욕구와 학업 성취에 대한 능력도 부족하였기 때문에 학업에서도 뒤처지고 이로 인해 자존감도 낮다.

아동학대를 알게 된 후 취할 수 있는 조치들

11세 태양이 삼촌은 요즘 태양이가 거짓말을 자주 하고 삼촌 지갑에서 돈을 훔쳤다는 이유로 화가 나서 빗자루로 아이의 엉덩이를 때렸다. 처음에는 태양이가 잘못했다고 하면 멈출 생각이었는데, 태양이가 자신은 거짓말을 하지 않았고 삼촌의 돈도 훔치지 않았다고 하면서 억울하다며 대드는 모습을 보니 화가 나서는 이성을 잃고 들고 있던 빗자루로 여기저기 태양이를 때렸다. 다음날 태양이는 멍이 든 상태로 학교에 갔고 멍든 태양이를 발견한 담임선생님은 교장선생님에게 이 사실을 보고하였다. 학교에서는 아동학대로 태양이 삼촌을 신고했고, 태양이는 삼촌과 분리되어 일시보호시설에서 보호를 받게 되었다.

2017년에 개정된 「아동학대범죄의 처벌 등에 관한 특례법」

[아동학대 신고의무자]

제10조제1항에 의하면 누구든지 아동학대범죄를 '알게 된 경우'
나 그 '의심이 가는 경우'에는 아동보호전문기관 또는 수사기관에
신고할 수 있다. 특히 아동학대 신고의무자는 사람들은 아동학
대범죄를 알게 된 경우나 그 의심이 있는 경우에는 아동보호전문
기관 또는 수사기관에 즉시 신고하여야 한다. 신고의무자가 아동
학대를 신고하지 않은 경우에는 「아동학대범죄의 처벌 등에 관한
특례법」 제63조제1항제2호에 의해 500만 원 이하의 과태료를 부
과받게 된다. 즉, 아동학대를 알게 된 성인, 특히 아동과 관련된
일에 종사하는 자가 아동학대에 관해서 침묵하는 것도 죄가 된
다. 다음의 표는 아동학대범죄를 알게 된 경우 신고 의무가 있는

법률명(약칭)	신고의무자	법률명(약칭)	신고의무자
「아동학대처벌법」	가정위탁의 장과 종사자, 아동복지시설의 장과 종사자(아동보호전문기관 제외)	「영유아보육법」	육아종합지원센터의 장과 종사자, 어린이집의 장 등 보육교직원
「아동복지법」	아동복지전담공무원, 취약계층 아동에 대한 통합서비스지원 수행인력	「유아교육법」	교직원, 강사
「가정폭력방지법」	가정폭력 관련 상담소, 가정폭력피해자 보호시설의 장과 종사자	「초중등교육법」	교직원, 전문상담교사, 산학겸임교사 등
「건강가정기본법」	건강가정지원센터의 장과 종사자	「학원법」	학원의 운영자, 강사, 직원 교습소의 교습자, 직원
「다문화가족지원법」	다문화가족지원센터의 장과 종사자	「의료법」	의료기관의 장과 의료인, 의료기사
「한부모가족지원법」	한부모가족복지시설의 장과 종사자	「청소년기본법」	청소년시설, 청소년단체의 장과 종사자
「사회복지사업법」	사회복지전담공무원, 사회복지시설의 장과 종사자	「청소년보호법」	청소년 보호·재활센터의 장과 종사자
「성매매피해자보호법」	5조에 따른 지원시설, 성매매피해 상담소의 장과 종사자	「장애인복지법」	장애인복지시설의 장과 종사자로서 시설에서 장애아동에 대한 상담·지료·훈련 또는 요양업무를 수행하는 사람
「성폭력방지법」	성폭력피해상담소 및 성폭력피해자보호시설의 장과 종사자, 성폭력피해자통합지원센터의 장과 종사자	「정신건강복지법」	정신건강복지센터, 정신의료기관, 정신요양시설, 정신재활시설의 장과 종사자
「소방기본법」	구급대의 대원	「아이돌봄지원법」	아이돌보미
응급의료에 관한 법률,	응급의료기관 등에서 종사하는 응급구조사	「입양특례법」	입양기관의 장과 종사자

출처: 중앙아동보호전문기관(http://www.korea1391.go.kr).

사람들이다.

　이처럼 최근에 바뀐 아동학대 특례법에는 누구든지 학대를 '발견'하거나 학대가 '의심'되면 신고할 수 있으며, 신고인의 인적 사항 또는 신고인임을 미루어 알 수 있는 사실을 다른 사람에게 알려 주거나 공개 또는 보도해서는 안 된다고 정해져 있다.

　그러면 아동학대가 의심된다면 신고자는 어떻게 행동해야 할까? 아동학대가 의심됨에도 아이를 학대한 사람에게 다시 돌려보내야 할까? 그렇지 않다. [아동학대 처리도]처럼 신고자가 신고 후 경찰이 현장에 출동하고, 학대가 의심되는 아동은 아동보호전문기관 또는 의료기관에서 보호받을 수 있다. 또한 학대 가해자는 피해아동과 격리된다. 만약 학대 상황을 발견한 신고의무자가 학대에 대해서 알면서도 가정일이라 생각하고 신고하지 않는다면 현행법상 500만 원 이하의 과태료를 부과받을 수 있다. 그러나 법적 처벌 때문이 아니라, 아동을 보호하기 위해서라도 아동학대가 의심된다면 신고를 통해 아동이 보호받을 수 있도록 도와주어야 한다.

1) 신고했을 때

아동학대 신고
1577-1391, 129

접수

현장 확인

경찰관 입회

심의 판정

가정 복귀

아동복지시설보호

생활관 입소
상담 및 지도
심리검사
건강진단

경고　격리　고발

2) 신고하지 않았을 때

아동학대

발견

500만 원 벌금

신고하지 않음(모른 척)

[아동학대 처리도]

그렇다면 어떻게 아동학대 사실을 발견할 수 있을까? 대부분의 아동학대는 잘 드러나지 않고 숨겨지는 경우가 많기 때문에 주변에서 아동학대가 의심되는 아동을 발견하면 무엇보다 신고하는 것이 중요하다. 따라서 아동이 다음과 같은 증상을 보이는 경우 눈여겨보아야 한다.

☆ 울음소리나 비명, 신음을 계속하는 아동
☆ 신체 부위가 데었거나 멍이 든 아동
☆ 외상이 흔히 눈에 띄는 아동
☆ 그 연령 단계에서 흔치 않은 어떤 상해를 가진 아동 예: 유아의 골절
☆ 그 연령에 적합하지 않게 영양 상태가 불량한 아동
☆ 계절에 맞지 않거나 깨끗하지 않은 의복을 입고 다니고, 냄새가 나는 아동
☆ 또래와 잘 어울리지 못하거나 밖에 나오지 않는 아동
☆ 자주 지각 또는 결석을 하는 아동
☆ 아무런 이유 없이 학교생활에 전혀 적응하지 못하는 아동
☆ 너무 일찍 학교에 오거나, 방과 후에도 바로 귀가하지 않는 아동
☆ 늘 혼자 있거나, 친구와 어울리지 않거나, 아이들이 노는 장소에서 멀리 떨어져 있는 소극적이며 비활동적인 아동

☆ 다른 어른들의 관심과 애정을 계속해서 추구하는 아동

☆ 연령에 맞지 않게 야한 옷을 입고 다니는 아동

☆ 지나치게 파괴적이고 공격적인 아동

☆ 극도의 수치심을 보이거나 순종적인 아동

☆ 어른을 보면 회피하거나 지나치게 수줍어하는 아동

☆ 갑작스럽게 돈이 생기거나 그 돈으로 물건을 자주 구입하는 아동

☆ 늘 권태나 피로를 느끼며 주의집중이 안 되는 아동

☆ 과장된 공포를 보이는 아동

☆ 위축되고 우울하고 냉담한 정서 반응을 보이는 아동

☆ 학령기에 정상지능임에도 불구하고 읽고 쓰기, 더하기 등 기본적인 학습이 안 되어 있는 아동

☆ 교사, 의사, 다른 어른들의 지시를 따르는 데 지나치게 엄격한 아동

☆ 사소한 것에 지나친 관심을 보이고 타인과의 언어적 또는 신체적 대화에 어려움을 보이는 아동

☆ 심각한 정서적 박탈이나 신체적 학대의 경험이 있었던 부모의 아동

☆ 외출할 때 밖에서 문을 잠그거나, 아동을 장시간 집 밖에 방치하는 부모의 아동

☆ 이웃과 거의 왕래를 하지 않거나 지역적으로 소외된 가정의
   아동
☆ 습관적인 음주나 약물의존 문제가 있는 부모를 가진 아동
☆ 게임중독에 빠져 일상생활을 하지 못하는 부모의 아동

또한 아동학대가 의심되는 부모에게서 발견되는 몇 가지 특징
이 있다. 다음 사례와 같이 아동의 외상에 대해 부모가 이 같은
반응을 보이면 아동학대에 대한 위험 신호다.

어느 날 밤, 3세쯤 되는 어린아이가 구토를 하는 등 숨을 잘 쉬지 못
하는 증상으로 응급실을 방문했다. 의사가 아이를 진찰하면서 살펴보니
아이의 온몸에 구타 자국과 팔에는 화상 자국이 있어 고민 끝에 경찰에
신고를 했다. 아이 엄마는 단호한 어조로 내 자식 내가 훈육하는데 당
신이 왜 관여하냐면서, 남의 가정 일에 상관하지 말라고 말했다. 그리고
보호자는 자신이므로 아이를 퇴원시키겠다고 우긴다.

앞 사례에서처럼 부모가 자녀의 병원 입원이나 치료를 거부하
는 경우를 포함하여 자녀의 상처에 대한 부모의 설명이 모순되거
나 거짓으로 이야기하는 경우, 부모가 자녀의 상처에 대하여 설
명하지 않는 경우, 너무 늦게 병원으로 아동을 데려와 적절한 치

료 시기를 지연시키는 경우, 담당 의사나 진료받는 병의원을 고의로 자주 바꾸는 경우, 연락을 취할 수 없거나 주거를 자주 옮겨 다니는 아이가 질병이 아닌 상해로 자주 병원에 내방하는 경우가 학대가 의심되는 부모에게 발견되는 특징이다.

다음은 아동학대 유형별 신체적 징후와 행동적 징후에 대해 정리한 내용이다.

신체적 징후	행동적 징후

신체학대
• 설명하기 어려운 상처
  – 발생 및 회복에 시간차가 있는 상처
  – 도구의 모양이 그대로 나타나는 상처
• 설명하기 어려운 화상
  – 담뱃불 자국, 뜨거운 물에 잠겨 생
    긴 화상자국
• 설명하기 어려운 골절
  – 시간차가 있는 골절
  – 복합 및 나선형 골절
• 설명하기 어려운 절상
  – 입, 입술, 치은, 눈, 외음부 상처
	신체학대
	• 어른과의 접촉 회피
	• 다른 아동이 울 때 공포를 보임
	• 공격적이거나 위축된 극단적 행동
	• 부모에 대한 두려움
	• 집에 가는 것을 두려워함
	• 위험에 대한 지속적인 경계

정서학대 • 성장장애 • 신체발달 저하 • 언어장애 • 행동장애(반사회적 · 파괴적 행동장애) • 어른과의 접촉 회피 • 양육자에 대한 두려움	**정서학대** • 집(어린이집)에 가는 것을 두려워함 • 실수에 대한 과잉 반응 • 위험에 대한 지속적인 경계 • 특정 물건을 계속 빨거나 물어뜯음 • 행동장애(반사회적 · 파괴적 행동장애) • 신경성 기질(수면장애, 놀이장애)

- 신경성 기질장애(놀이장애)

- 정신신경성 반응(히스테리, 강박, 공포)
- 극단행동, 과잉행동, 발달지연, 자살 시도

성학대
- 걷거나 앉는 데 어려움
- 찢어지고 피로 얼룩진 속옷
- 외음부의 동통과 가려움
- 학령 전 아동의 성병 감염
- 임신

성학대
- 위축, 환상, 유아적 행동
- 기괴하고 미묘한 성행동과 해박한 성 지식
- 친한 친구 없음
- 이성 어른들에게 지나치게 적극적으로 다가가고 행동함
- 비행, 가출
- 명백하게 성적인 묘사를 한 그림 또는 행동
- 타인과의 성적인 상호작용
  - 동물이나 장난감을 대상으로 하는 성적인 상호작용

방임
- 지속적인 배고픔, 열악한 위생상태
- 계절에 맞지 않는 부적절한 옷차림
- 의학적 치료와 치과 치료의 부족
- 지속적인 피로, 불안정감
- 수업 중 조는 태도

방임
- 음식을 구걸하거나 훔침
- 장기간에 걸친 감독 소홀
- 위험한 행동에 대한 감독 소홀
- 비행 또는 도둑질
- 학교에 일찍 등교하고 집에 늦게 하교함

이러한 증상 외에도 아동이 갑작스럽게 대소변을 가리지 못하는 등 퇴행 행동을 보이거나, ADHD 진단을 받지 않았음에도 아동이 충동적이고 산만해지거나 주의집중을 잘 못할 경우, 또는

혼자서도 잘 지내던 아동이 어느 날부터 혼자 남아 있는 것을 거부하거나, 자주 무섭다고 표현할 때 아동학대를 의심해 봐야 한다. 또한 아동이 자주 악몽을 꾸거나 밤에 쉽게 잠들지 못하거나, 자기보다 약한 동물을 괴롭히는 행동_{주로 남아의 특징임}과 같은 공격적인 행동을 보일 때, 최근 들어 학업 수행 능력이 현저히 떨어지거나, 성적이 떨어지고, 자주 멍하니 있는 행동 역시 아동학대에 노출되었을 가능성이 높다는 징후다.

만약 우리 주변에서 이러한 신체적 징후, 행동적 징후, 방임 등을 관찰하는 것이 다소 어렵게 느껴지거나, 때로는 보호자의 그러한 행동이 학대인지 아닌지를 명확히 판단하기가 어렵다면 다음에 제시된 아동학대 체크리스트를 통해 아동학대를 발견하는 것도 필요하다.

아동학대
체크리스트
(중앙아동보호
전문기관)

번호	체크항목	체크란	
1	사고로 보기에는 미심쩍은 멍이나 상처가 발생한다.	예 ☐	아니요 ☐
2	상처 및 상흔에 대한 아동 혹은 보호자의 설명이 불명확하다.	예 ☐	아니요 ☐
3	보호자가 아동이 매를 맞고 자라야 한다는 생각을 갖고 있거나 체벌을 사용한다.	예 ☐	아니요 ☐
4	아동이 보호자에게 언어적, 정서적 위협을 당한다.	예 ☐	아니요 ☐
5	아동이 보호자에게 감금, 억제, 기타 가학적인 행위를 당한다.	예 ☐	아니요 ☐
6	기아, 영양실조, 적절하지 못한 영양섭취를 보인다.	예 ☐	아니요 ☐
7	계절에 맞지 않는 옷, 청결하지 못한 외모를 보인다.	예 ☐	아니요 ☐
8	불결한 환경이나 위험한 상태로부터 아동을 보호하지 않고 방치한다.	예 ☐	아니요 ☐
9	성학대로 의심되는 성 질환이 있거나 임신 등의 신체적 흔적이 있다.	예 ☐	아니요 ☐
10	나이에 맞지 않는 성적 행동 및 해박하고 조숙한 성지식을 보인다.	예 ☐	아니요 ☐
11	자주 결석하거나 결석에 대한 사유가 불명확하다.	예 ☐	아니요 ☐
12	아동에게 필요한 의료적 처치 혹은 예방접종을 실시하지 않는다.	예 ☐	아니요 ☐
13	보호자에 대한 거부감과 두려움을 보이고, 집(보호기관)으로 돌아가는 것에 대해 두려워한다.	예 ☐	아니요 ☐
14	아동이 매우 공격적이거나 위축된 모습 등의 극단적인 행동을 한다.	예 ☐	아니요 ☐

- '아동학대 체크리스트'는 아동학대 신고의무자가 직무 중에 학대로 의심되는 아동을 조기발견하기 위해 활용되도록 제작되었다.
- 1개 문항 이상 '예'라고 체크한 경우, 아동학대를 의심해 볼 수 있는 상황이다.

앞의 체크리스트에서 1개 문항 이상에서 '예'라고 체크한 경우에는 아동학대를 의심해 볼 수 있다. 아동학대 징후들을 파악한 후 취할 수 있는 조치는 다음과 같다.

아동학대 신고의무자 설명서

아동학대 신고요령

STEP1
아동학대
발견
- 아동학대 유형별 징후 인지하기
- 아동 및 보호자를 관찰/면담하여 아동학대 가능성 파악하기
- 피해아동 발견 시 위험 상황으로부터 빠르게 조치하기

STEP2
아동학대
신고
- 가능한 한 많은 정보를 파악하여 즉시 신고하기
- 신고 시 학대 의심 내용, 아동 및 학대 행위자/신고자 정보 전달하기

STEP3
협력 및
지원
- 아동보호전문기관과 협력 유지
- 피해아동 모니터링
  : 피해아동에 대한 재학대 여부 및 학대 지속성 관찰하기

신고자의 인적사항 또는 신고인임을 미루어 알 수 있는 사실을 다른 사람에게 알려 주거나 공개 또는 보도하여서는 안됨(「아동학대범죄의 처벌 등에 관한 특례법」 제10조3)

이처럼 아동학대를 신고하는 신고자는 아동의 학대 상황을 인지하고는 피해아동을 위험 상황으로부터 빠르게 조치하는 것이 필요하다. 그리고 많은 정보를 탐색한 후 아동보호전문기관에 신고해야 한다. 이때 필요한 정보는 다음과 같다.

언제?

- 기본적인 의식주를 제공받지 못한 아이를 발견했을 때

- 반복적인 상처와 부상을 입은 아동을 발견했을 때

- 보호자가 아동의 상처와 질환에 대해 치료를 거부할 때

- 잦은 결석 또는 보호자가 아동을 학교에 보내지 않으려 할 때

- 친족 성학대나 성매매가 의심되는 아동을 발견했을 때

어디로?

- 국번 없이 1577-1391 또는 129에 신고

- 중앙아동보호전문기관(korea1391.org) 또는 지역아동보호전문기관 홈페이지

무엇을?

피해아동	학대 행위자	신고자
• 이름 • 성별 • (추정) 나이 • 전화번호 • 주소 • 소속 교육기관 • 학대 의심 내용 등	• 이름 • 성별 • (추정) 나이 • 주소 • 피해아동과의 관계 • 직업/직장 등	• 이름 • 전화번호 • 피해아동과의 관계 • 학대사실을 알게 된 경위 등

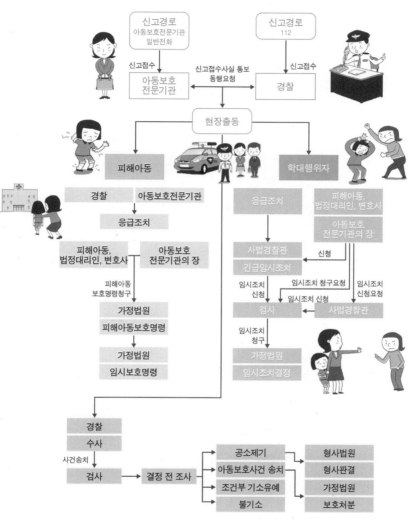

신고경로
아동보호전문기관
일반전화

신고경로
112

신고접수

신고접수사실 통보
동행요청

신고접수

아동보호
전문기관

경찰

현장출동

피해아동

학대행위자

경찰 | 아동보호전문기관

응급조치

응급조치

피해아동,
법정대리인, 변호사

아동보호
전문기관의 장

피해아동,
법정대리인, 변호사

아동보호
전문기관의 장

사법경찰관

긴급임시조치

신청

피해아동
보호명령청구

임시조치
신청

임시조치 청구요청

임시조치
신청요청

가정법원

피해아동보호명령

검사

임시조치 신청

사법경찰관

가정법원

임시보호명령

임시조치
청구

가정법원

임시조치결정

경찰

수사

사건송치

검사

결정 전 조사

공소제기

형사법원

아동보호사건 송치

형사판결

조건부 기소유예

가정법원

불기소

보호처분

[아동학대 신고 접수 후 절차]

출처: 중앙아동보호전문기관(http://www.korea1391.go.kr/new/page/work_system.php).

아동학대 사례가 발생했거나 의심된다면 24시간 112 신고전화를 통해 아동학대 의심 사례를 신고한다. 이때 신고자는 학대에 관해 가능한 한 많은 정보, 가령 아동의 현 주거지, 행위자와의 관계 등을 알려 주는 것이 조사에 도움이 된다. 아동학대 의심 사례 신고가 접수되면 경찰과 아동보호전문기관은 상호 통보 후 현장출동을 통해 현장조사를 실시한다. 현장조사는 경찰과 함께 상담원 2인 1조가 출동해서 피해아동, 학대 행위자, 신고자, 목격자, 이웃 등과 관련인들을 조사한다.

아동학대 혐의가 판단되면 피해아동은 아동학대 행위자와 격리되어 보호시설 또는 의료기관으로 인도되는 응급조치가 이루어진다. 그리고 가정법원의 명령에 따라 피해아동은 보호명령을 받는데, 이때 행위자와 피해아동을 격리하거나, 행위자에게 아동과의 접근을 제한하거나, 행위자가 부모나 양육자인 경우는 친권을 정지하기도 한다. 아동은 임시보호명령을 받아 보호위탁이나 치료위탁, 가정위탁 등과 같은 보조인 및 후견인을 선임해 보호받게 된다.

학대 행위자는 가정법원의 임시조치를 통해 퇴거 등 격리, 접근 금지, 후견인 행사 제한 및 정지, 상담 및 교육위탁, 의료기관위탁 또는 구치와 같은 명령을 받는다. 이때 피해아동에게는 상담 및 의료 지원, 심리치료, 학습 지원, 수사 및 증거 지원, 사회복지서비스 연계 등을 통해 학대 상황에서 회복할 수 있도록 도와야 하며, 학대 행위자에게도 상담, 교육프로그램 운영, 심리치료, 의료 지원, 경제 및 가사 지원과 같은 가정 지원을 통한 부모 교육을 실시한다. 또한 부모가 아동학대 행위자일 경우에는 아동이 원가정에 복귀할 때 다시 학대 상황이 발생하지 않도록 가족치료와 가족강화프로그램 등을 실시한다.

아동학대를 발견하고 신고하는 과정에서 가장 중요한 것은 아동의 심리정서적 안정이다. 그러므로 아동학대 신고 후 신고자나 주변 사람은 아동을 신고 전과 같이 동일한 태도로 대해 주는 것이 중요하다. 아동은 학대받은 사건을 생각하며 자주 우울해하거나 불안해할 수 있기 때문에 아동의 분위기와 심리적 변화를 잘 관찰할 필요가 있다. 이를 위해서는 아동의 말을 잘 경청해 주고 무엇보다도 학대받은 것이 아동의 잘못이 아님을 확인시켜 주는 것이 중요하다.

Part 2

학대받은 경험이 있는 아동이
건강하게 성장하기 위해서는
무엇이 필요할까?

친밀감과 신뢰감 회복은 학대받은 아동에게 중요하다

학대받은 아동의 수치심과 죄책감은 아동 때문이 아니라고 말해 준다

학대하는 부모도 피해자이므로 무조건 비난할 수 없다

부모의 스트레스가 아동학대에 영향을 미친다

학대하는 부모는 긍정적 행동 기술 습득을 통해 변화한다

그 밖의 학대 상황에 대한 대처 방법도 알아 둔다

친밀감과 신뢰감 회복은
학대받은 아동에게 중요하다

8세 솔미는 엄마, 아빠와 배다른 20세 오빠 그리고 5세 여동생 솔라와 함께 살고 있다. 솔미는 요즘 오빠가 자신은 미워하고 동생 솔라만 예뻐하는 거 같아 속상하다. 오빠는 가끔씩 동생 솔라를 방에 데려가서 무엇인가를 하곤 솔라에게만 초콜릿과 장난감을 사 주곤 한다. 솔미가 솔라에게 무엇을 했는지 물으면 솔라는 '오빠가 우리 둘만의 비밀'로 하라고 했다며, 방에서 있었던 일에 대해 이야기해 주지 않는다. 어느 날, 솔미는 오빠가 솔라의 옷을 벗기고 솔라의 몸을 만지는 모습을 봤고 이를 엄마에게 이야기했지만, 엄마는 오히려 다른 사람에게는 그런 얘기를 하지 말라고 야단쳤다. 솔미는 엄마가 자기 말을 믿어 주지 않는 거라고 생각한 후, 그 뒤로는 솔라에게 일어나는 일을 아무에게도 말하지 않았다. 솔미는 뭔가 일이 잘못되어 가고 있다는 생각이 들었지만, 자신이 이야기해도 아무도 믿어 주지 않을 것 같아서 아무에게도 솔라의 상황을 말하지 않았다. 그러나 더 이상 솔라를 도와줄 수 없다는 생각에 솔라를 보면 괜히 미안한 마음이 들었다. 그 뒤부터 솔미는 솔라에게 자신의 장난감을 양보하거나 솔라가 바라는 것을 모두 들어주기 시작했다. 그리고 언젠가부터 솔미는 낯선 남자 어른이 무섭다는 생각이 들어

될 수 있으면 남자 어른 옆에는 가지 않았고, 남자 어른이 다가오면 자신도 모르게 흠칫 놀라고 몸을 움츠리곤 한다. 그러나 솔미와 달리 솔라는 낯선 아저씨나 큰 오빠들에게 먼저 다가가 스스럼없이 안기고, 그 아저씨들과 오빠들도 솔라의 행동이 싫지 않은지 받아 주며 솔라를 만지곤 한다.

솔미와 솔라처럼 학대받은 아동은 타인과의 관계 형성에서 접근과 회피가 혼란되어 있으며, 무기력하고 걱정이 많고 혼미된 특성을 보이는 등 전반적으로 불안정한 애착 유형을 나타낸다. 학대받은 아동 중 많은 아이들은 솔미처럼 다른 사람에 대해 신뢰할 만하다고 판단하기 어렵기 때문에 다른 사람을 믿지 않을 뿐 아니라 의심한다. 또한 자신이 예측하기 어렵고 두려운 상황으로 인해 극도의 경계심을 가지게 된다. 이후 지속적이고 반복적인 학대 상황은 아동에게 불안과 공포의 반응을 유발하는 자극이 되어 아동의 행동을 위축시키고, 자기표현이나 자신의 감정을 억압하기도 한다. 반대로 동생 솔라처럼 다른 사람에 대해 느슨한 경계를 가지고 '무조건적'으로 믿기도 한다. 특히 방임된 아동의 경우 어른들의 학대 행동이 자신에 대한 '관심'이라고 잘못 생각하기도 해서 관심을 받기 위해 자신이 먼저 다가가기도 한다. 이처럼 학대로 인한 심리적 상처를 가지고 있는 아동은 다른 사람을 신뢰하지 못하고, 다른 사람과의 관계에서 움츠러들고 지나치게 경계하거나 다른 사람과의 적절한 경계를 가지는 데 어려움을 보인다.

그러므로 학대받은 아동에게 접근할 때 가장 중요한 것은 '신뢰감'과 '유대감'을 형성하는 것이다. 신뢰감과 유대감은 학대받은 아동의 심리적 상처를 해결하는 데 중요한 역할을 한다. 이 단계가 잘 형성되지 않으면 아동은 자신을 둘러싼 환경이나 치료 상황에서 또 다른 상처를 받을 수 있다. 때로는 학대 아동을 상담할 시 첫 상담 회기에서 상담사가 아동에게 치료 공간을 소개할 때 세심한 주의가 필요하다. 예를 들어, 상담사가 '비밀을 나눌 수 있는 안전하고 특별한 관계'를 가지게 될 것이라고 말하면, 아동은 이를 자신을 학대한 가해자와 나누었던 '특별한' 또는 '비밀스러운 관계'와 유사한 것으로 해석할 수 있기 때문에 신중하게 접근해야 한다. 그러므로 학대받은 아동과 처음 관계를 맺을 때는 덜 위협적이고, 심리적 상처에 초점을 두는 말과 행동보다는 시간을 가지고 아동과 친밀감을 형성하는 것이 중요하다.

학대받은 아동과 '신뢰감'과 '친밀감'을 쌓기 위해서는 아동에게 놀이 방법을 가르친다든지, 신뢰감을 쌓기 위해 긴 시간을 할애하거나, 때로는 아동이 좋아하는 음식을 함께 만들 수도 있다. 많은 경우 아동은 학대를 치료하는 과정 중에 보호자에게 지나친 의존이나 공격성을 표출하기도 한다. 이때 보호자는 지속적이고, 일관성 있고, 예측 가능하고, 중립적인 태도를 취해야 한다. 동정심이나 안쓰러운 마음 때문에 아동을 지나치게 특별 취급해서는 안 된다. 또한 성학대 아동에게는 누군가에게 대가를 줘야 사랑받는 존재가 아닌, 아동 자체만으로도 중요하고 소중한 존재라는 사실을 인식시켜 주어야 한다. 다음은 학대받은 아동과 신뢰를 쌓기 위한 행동을 정리한 것이다.

☆ 보호자가 아동에게 넘치는 친절을 베풀면 아동은 보호자의 접근을 꺼려 오히려 움츠러든다. 따라서 아동이 먼저 보호자에게 다가올 때까지 인내심을 가지고 충분히 기다려 주는 것이 좋다.

☆ 아동에게 수용하고 공감해 주는 것이 필요하다. 그러기 위해서는 아동과 대화할 때는 몸을 낮추고 고개를 숙여서 아동과

같은 눈높이에서 대화한다.

☆ 아동이 다가올 때까지 인내심을 가지고 기다리는 보호자의 모습을 아동은 자칫 보호자가 무관심하다고 인식할 수 있다. 따라서 보호자는 아동의 행동을 주의 깊게 관찰하고 이에 대해 격려해 주어야 한다. 그리고 아동이 스스로 다가올 때는 보호자 역시 아동에게 관심과 애정을 보여야 한다.

☆ 아동을 안아 주거나 만지는 행동은 아동에게 가해자와의 관계에서 있었던 부정적 기억을 불러일으킬 수 있으므로 지나친 스킨십은 자제하는 것이 좋다. 지나친 스킨십보다는 아동과 눈 맞춤을 하면서 아동의 말과 행동을 지지해 주거나, 부득이하게 신체 접촉이 필요하다면 미리 아동에게 허락을 받는 것이 중요하다. 이 과정에서 아동은 가해자와 다른 행동을 하는 어른의 모습을 보면서 보호자가 믿을 만한 좋은 대상이라는 것을 알게 될 것이다.

학대받은 아동의 수치심과 죄책감은 아동 때문이 아니라고 말해 준다

동엽이는 체육 시간이 죽기보다 싫다. 체육 시간만 되면 동엽이는 얼굴이 빨개지고, 배가 아프고 가슴이 벌렁거린다. 별빛 남자 중학교 체육 선생님의 체벌 방법은 다른 선생님과 달리 독특했다. 아직은 덜 자라서 키가 작은 학생들의 귀밑머리를 손끝으로 잡아 쥔 상태에서 허공으로 들어 올리거나, 젖꼭지를 움켜쥐고 앞으로 잡아끄는 체벌이 그것이었다. 동엽이는 또래 친구들보다 작고 운동을 못해서 다른 아이들보다 자주 체육 선생님에게 체벌을 당한다. 동엽이가 체육 선생님에게 체벌을 당할 때 아픔과 수치심으로 표정이 찡그려지고 얼굴이 붉어지는데, 그 모양과 행동이 우스꽝스러웠기 때문에 다른 학생들은 '와' 하고 웃기 일쑤였다. 여러 명이 보는 앞에서의 공개적인 체벌이고 선생님의 행위에 유머러스한 면도 보였기 때문에 체육 선생님의 행위는 신체나 성적 학대 행위로 비쳐지지 않았고, 가벼운 체벌로까지 받아들여지는 분위기였다. 체육 시간이 끝나면 아이들은 동엽이에게 아무렇지도 않게 그때 기분이 어땠는지 묻고 서로 '낄낄'거리고 웃곤 한다. 동엽이는 점점 자신이 어리석고 바보 같다고 생각되서 친구들 사이에서 사라지고 싶어지곤 한다.

학대를 받은 아동이 보이는 특성에는 여러 가지가 있는데 그중 크게 소리를 지르거나, 어른들에게 거칠고 무례한 행동을 보이기도 하고, 냉소주의적 성격을 갖기도 한다. 그 이유는 아동이 학대를 통해 '수치심'과 '죄책감'을 느끼기 때문이다. 수치심은 단순히 학대 상황에 대한 부끄러움이 아니라 동엽이처럼 '자기가 없어졌으면' '사라졌으면' 하는 자기 존재에 대한 공허감과 부적절감을 포함한다. 수치심은 실패와 연결되어 있으며, 버림받은 것에 대한 두려움을 야기한다. 수치심을 느끼는 아동은 자신에 대해 평가절하하고 부정한다. 동엽이는 자신을 바보 같은 존재로 인식하고, 유치하고 우스꽝스럽게 느끼는데, 이것이 학대로 인한 수치심을 가지는 아동의 심리다. 또한 수치심을 느끼는 아동은 모욕감과 분노를 느끼거나, 자신에 대한 방어로 스스로를 처벌하고나 고통받는 행동을 하기도 한다. 때로는 잘못을 다른 사람의 탓이라고 비난하거나, 수치심을 감추기 위해 오히려 오만함, 거만함, 뻔뻔스러움으로 포장하기도 한다.

죄책감은 아동이 좋아하는 누군가에게 상처를 주었음을 깨닫게 될 때, 자신이 지켜야 한다고 생각하는 어떤 기준에 도달하지 못하였을 때 생긴다. 앞선 사례에서 솔미가 다른 사람들에게 솔라의 상황을 말하지 않으면서, 더 이상 솔라를 도와줄 수 없다고 생각하자 솔라에게 미안한 마음이 든 것도 죄책감의 일종이다.

일이 뭔가 잘못되었지만 자신은 동생을 위해 아무것도 할 수 없다는 죄책감이 그것이다. 그래서 솔미는 장난감을 솔라에게 양보하거나 솔라의 지나친 요구들을 들어주는 등 희생을 견디기 시작한다. 이것이 죄책감을 갖는 아동이 보이는 흔한 행동이다. 지나친 죄책감과 수치심은 아동에게 자신에 대한 긍정적인 믿음이 부족하게 만들고 그 대신 '나쁜 자기상'을 가지게 한다. 그러면서 '나는 안 돼.' '나는 나쁜 아이야.'와 같은 자기 비난, 수치, 분노와 같은 부정적인 자기상을 발달시킨다. 학대 상황에서 느끼는 아동의 죄책감과 수치심은 학대 경험으로 인해 생긴 손상이 핵심으로, 이는 아동의 자아존중감을 심각하게 손상시킨다. 죄책감과 수치심은 흔히 학대 아동의 자아감 속에 깊이 자리 잡고 있기 때문에 회복하는 데 오랜 시간이 걸린다. 뿐만 아니라 부정적인 자기상은 감정적 반응을 조절하는 능력을 떨어뜨리고, 청소년기의 자아정체감 형성에도 부정적인 영향을 미친다. 따라서 학대는 아동이 자신의 정서적 감정이나 충동의 강도를 통제하는 능력을 상실하거나 혼란스럽게 하며, 이런 능력의 부족은 두려움이나 우울과 같은 내면화 문제나 적대감과 공격성 같은 외현화 문제를 나타내기도 한다.

죄책감이나 수치심은 자아존중감을 회복해야 바로잡을 수 있다. 동엽이에게 "남자가 그까짓 일로."라며 대수롭지 않게 넘기

거나 솔미에게 "너 때문에 동생이……" "동생이 그러는 동안 너는
뭘 했니?"라고 말하는 것은 동엽이의 수치심과 솔미의 죄책감을
강화시킬 뿐이다. "괜찮아." "네 잘못이 아니야."라고 말해 주는
것이 중요하다. 자신이 소중하고 사랑받을 만한 사람이며, 학대
가 자신의 잘못이 아님을 아동이 깨달을 때 아동은 '수치심'과 '죄
책감'에서 벗어나 자신이 더 나은 존재라고 믿게 된다.

학대하는 부모도 피해자이므로 무조건 비난할 수 없다

소심한 성격의 공무원인 재욱 씨는 10세 아들 종민이와 7세 딸 시아
에게는 너무 무서운 아빠다. 재욱 씨가 퇴근 후 집에 들어갔을 때 조금
이라도 집안에 장난감이 어지럽혀져 있거나, 아이들이 엄마에게 떼를
쓰거나, 밥 먹을 때 편식을 하면 불 같이 화를 낸다. 아이들을 밀어 버
리거나 따귀를 때리거나 머리채를 쥐고 흔들고, 앞으로도 그런 식으로
하면 '죽여 버리겠다'고 위협한다. 그러고는 다음날이면 자신이 화를 통
제하지 못한 것에 대해 아내와 아이들에게 미안해하며 괴로워했다. 재
욱 씨는 다른 사람에게는 오히려 자신의 생각을 잘 표현하지 못하고 위
축되어 있는 반면, 아이들과 아내가 조금만 실수를 하면 화를 통제할 수

가 없다. 그러던 어느 날 학교 담임선생님은 종민이 얼굴과 팔에 멍이 들어 있는 것을 발견하곤 아동학대로 재욱 씨를 신고하였고, 재욱 씨는 아동보호전문기관에서 상담을 받게 되었다.

재욱 씨는 왜 아이에게 폭력을 휘둘렀을까? 재욱 씨는 보호관찰 수강명령을 받으면서 심리치료 과정 중 하나인 '어린 시절 가장 기억나는 장면'을 이야기하면서 자신이 자녀들에게 화를 통제할 수 없는 이유를 깨달았다. 어린 시절, 재욱 씨의 아버지는 재욱 씨를 자주 때리고 그런 아버지를 어떻게 할 수 없었던 어머니는 아버지에게 맞아 멍든 재욱 씨의 몸을 쓰다듬으며 울곤 했다. 그는 "어릴 때부터 아버지가 어머니를 때리는 모습을 많이 봤고, 언젠가부터는 어머니를 보호하려다 나도 아버지에게 맞게 되었다."고 털어놓았다. 여기에 아버지의 외도와 생활고로 인한 잦은 부부 싸움, 자신이 많이 배우지 못해 유달리 재욱 씨의 공부에 집착하는 아버지를 만족시키지 못해 낮아진 자존감 등이 더해져 재욱 씨는 점점 위축되어 갔다. 그리고 이러한 폭력의 고리는 재욱 씨에서 끝나지 않았다. 재욱 씨에게 학대를 당해 온 아들 종민이는 동생과 다투면 동생의 얼굴을 발로 밟고 주먹으로 때려 피멍이 들게 하는 등 폭력적인 성향을 보였고, 친구 관계도 원만하지 않았다. 재욱 씨 아버지에서 시작된 학대가 손자까지

3대代에 걸쳐 세습되고 있는 것이다.

재욱 씨의 경우처럼 불행하게도 아동학대 행위자의 80%가량은 부모다. 학대 행위자에게 두드러지게 나타나는 특성은 아동에 대한 양육 태도와 양육 방법을 알지 못해 학대를 하는 경우가 가장 많다는 점이다. 그렇다면 재욱 씨는 그렇게 하지 않으려고 해도 아내와 아이들을 왜 때리게 되었던 것일까? 재욱 씨는 어린 시절 학대받은 경험으로 인해 부모 역할에 대한 긍정적인 모델이 형성되어 있지 않았다. 또한 어린 시절의 폭력으로 억압된 분노가 스트레스 상황에서 충동적이고 공격적인 형태로 표출되었는데, 그 대상이 자신보다 약한 자녀였던 것이다.

아동학대의 특징 중 하나는 이와 같은 '폭력의 대물림'이다. 부모에게 맞고 자란 아동은 성인이 된 후에는 죄의식 없이 자신의 자녀를 학대하는 가해자가 된다. 20명을 살해해 우리나라를 떠들썩하게 한 유영철이나 13명을 살해하고 20명에게 중상을 입힌 정남규가 어린 시절 아버지에게 끊이지 않는 폭력을 당했다는 사실만 봐도 아동학대가 아이의 삶에 어떠한 영향을 미치는지 알 수 있다. 또한 어린 시절 부모에게 직접적으로 맞았거나, 부모 중 한쪽이 다른 한쪽을 때리는 것을 보면서 자란 아이들은 '힘으로 다른 누군가를 제압할 수 있다'는 사실을 경험을 통해 학습한다. 그리고 자신도 모르게 부모에게서 배운 양육 태도를 자신의 자녀에게 그대로 세습하게 된다. 그러므로 이러한 '폭력의 대물림'을 끊기 위해서는 바람직한 자녀 양육 기술 훈련과 같은 부모교육과 가족기능 강화를 위한 여러 가지 교육 프로그램이 제공되어야 한다.

병욱 씨와 병수 씨는 형제로, 한 동네에서 아래윗집에 살고 있다. 어느 날, 형인 병욱 씨가 화가 나서 17세 아들을 골프채로 때렸고, 그런 남편을 말려 달라고 뛰어온 형수의 이야기를 전해 들은 병수 씨는 형을 말리러 위층으로 올라갔다가 아버지의 폭력에 강하게 저항하고 있는 조카를 보자 화가 나서 형과 함께 조카를 때렸다. 그 후 두 사람은 병욱 씨 아내의 신고로 자녀와 조카에 대해 법원에서 100미터 이내의 접근 금지 명령과 함께 100시간의 보호관찰 수강명령을 받게 되었다.

병욱 씨 형제가 자녀에게 쉽게 폭력을 행사한 이유는 어린 시절 폭력가정에서 성장했기 때문이다. 병욱 씨 형제는 자신이 그러했던 것처럼 성장하면서 무의식적으로 폭력을 부모의 훈육으로 받아들였고, 자신이 부모가 되면서 자연스럽게 자신이 배운 대로 자녀에게 '폭력을 대물림'하게 되었다. 병욱 씨 형제는 폭력이 아닌 다른 '양육 태도와 방법'을 몰랐기 때문에 사춘기에 반항하는 자녀에게 자신이 경험한 방법 그대로 훈육이라는 이름의 폭력을 휘둘렀던 것이다. 이처럼 많은 경우 아동학대의 피해자였던 아동이 성장해서 폭력의 가해자가 되곤 한다.

가정폭력은 세대 간에 전승된다. 우리나라 속담에 '미운 자식 떡 하나 더 주고 예쁜 자식 매 하나 더 준다.'는 말이 있다. 귀한 자식은 엄하게 길러야 한다는 말이다. 그러나 부모는 기계처럼 언제나 명확한 규칙을 정하고 개인적 감정을 포함하지 않은 채 동일한 강도로 체벌할 수는 없다. 때로는 아동이 같은 잘못을 저지른 경우에도 부모의 기분에 따라 체벌의 강도가 달라지거나 때로는 체벌하지 않기도 한다. 병욱 씨 형제와 재욱 씨의 예처럼 체벌이라는 이름의 폭력과 화를 내는 것 외에는 다른 훈육 방법을 어린 시절 경험하지 못한 채 성장한 경우, 그들은 자녀에게 자신이 배운 그대로 훈육하게 된다. 그것이 올바른 훈육 방법이라고 믿으면서 폭력이 대물림된다. 이러한 폭력의 대물림을 끊기 위해서는 학대 가족 중 어느 세대에서 자신의 집안 내력과 가족력을 깨닫고 '폭력의 대물림'을 청산해야 한다. 그러기 위해서는 병욱 씨 형제처럼 자신의 어린 시절의 가족사를 검토할 필요가 있다.

[자신의 어릴 적 가족사 검토하기]

- 어린 시절, 나의 가족 안에서 신체 처벌이나 비난 등이 있었나요? 있었다면 얼마나 자주, 어느 정도의 빈도로 있었나요?
- 가정 내 폭력으로부터 나를 막아 주거나 방어해 준 사람이 있었나요? 있었다면 그 사람은 누구였나요?
- 만약 당신을 폭력으로부터 막아 준 사람이 있다면 그때 당신의 감정은 어떠했나요? 그리고 누군가가 막아 주고 싶어 했으나 현실적으로 그렇게 하지 못해 폭력 상황에 지속적으로 노출될 수밖에 없었다면 그때 당신의 감정은 어떠했나요?
- 어린 시절, 당신의 가정에서 당신이 맡았던 특별한 역할이 있었나요?(예: 어렸을 때 어른의 역할을 했다, 어렸을 때 골칫거리였다, 어렸을 때 몸이 약하고 병치레가 잦았다)
- 어린 시절, 여러분의 가정생활에 어떠한 어려움이 있었으며 그것이 현재의 여러분의 삶에 어떠한 영향을 미쳤다고 생각하나요?
- 당신의 자녀 중 당신이 맡았던 특별한 역할을 하는 자녀가 있나요? 누구인가요? 그리고 당신은 그 자녀에게 어떻게 대하나요?(예: 다른 자녀보다 안쓰럽게 생각한다, 다른 자녀보다 그 자녀를 바라보면 화가 난다)

출처: 윤정숙, 박성훈, 김진석(2014).

자녀에게 폭력을 행하는 부모는 어린 시절의 자신의 가족사를 검토하면서 부모와 형제자매를 어떻게 바라보았으며, 그들과 얼마나 잘 지내는지를 파악할 필요가 있다. 어린 시절, 가정 내 학대 경험이 있었는지, 만일 그랬다면 기분은 어떠했는지 그리고 자신은 그 상황에서 어떻게 행동했는지에 대해 함께 나눌 필요가 있다. 또한 현재 자녀 중 어떤 자녀에게 자신의 모습을 동일시하는지를 파악해야 한다. 앞의 짧은 질문지를 통해 자녀에게 폭력을 행하는 부모는 자신의 어린 시절 학대 혹은 방임의 경험의 유무와, 그것들이 현재 자신의 행동과 어떻게 연관되는지 그 연관성을 인식하는 것이 중요하다. 즉, 아동학대의 행위자주로 부모에 대해 그들의 잘못된 행위에 대한 비난이 아닌 그들이 자신의 생활 및 개인적 어려움에 대해 이야기할 수 있는 시간을 갖도록 해야 한다. 폭력의 대물림을 끊기 위해서는 그 원인을 아는 것이 중요하다.

　그러므로 폭력의 대물림을 청산하기 위한 첫 번째 단계는 폭력이 아닌 다른 방법으로 아동을 훈육해야 한다. 또한 부모는 자녀가 자신의 '소유물'이 아니라는 사실을 깨닫고 행동해야 한다. '내가 키운 내 자식인데 어떻게 취급하든 내 권리이고 내 마음이다.'라는 마음을 가지면 부모는 자녀에게 함부로 말하고 행동할 수 있다. 자녀를 하나의 인격체로 생각하고, 부모는 자녀에게 어떤 요청을 할 때 정중하지만 조용하고 단호한 목소리로 다음과 같은 표현 방법을 사용하는 것이 효과적이다.

"종민아, 지금 집이 너무 어지럽구나. 아빠가 들어오자마자 집이 더러우니까 기분이 안 좋고 또 이걸 치워야 한다는 생각에 짜증이 난다. 지금 네가 어지럽힌 장난감들을 정리해 줄래?"

이처럼 아동을 훈육할 때는 아동의 문제 행동이나 상황을 그대로 말해 주는 것이 바람직하다. 그리고 이때 아동이 나쁜 것이 아니라 아동이 취하고 있는 행동이 문제라는 것을 인식할 수 있도록 아동의 잘못된 행동에 대해서 이야기해 주는 것이 필요하다. 아동의 잘못된 행동이 아닌 아동의 인격을 공격하고 자존감을 상하게 하는 행동은 중단해야 한다. 또한 아동의 행동이 부모의 현재 일이나 감정 상태를 어떻게 방해하고 있는지 이유를 설명해 주어야 한다. 그리고 부모 자신이 원하는 바를 아동에게 구체적으로 설명해 주는 것이 필요하다.

그렇다면 '폭력의 대물림'을 끊기 위해 아동을 훈육할 때 체벌 대신 가장 좋은 대안은 무엇일까?

첫째, 부모가 바른 행동과 지침을 아동에게 명확하게 이야기해 주는 것이 필요하다. 예를 들면, 놀고 난 후 정리정돈을 잘 못하는 아동에게 "방을 치워라."라는 지침보다는 "가지고 놀던 장난감 중 다섯 개를 장난감 박스에 넣어라."와 같은 명확한 지침을 주는 것이 좋다. 이때 지침이 아동이 성취 가능한 현실적인 대안인지를 고려해야 한다.

부모가 아동에게 지침을 전달할 때는 아동의 문제 행동이나 상황을 그대로 말해야 한다. 아동의 잘못된 행동을 말할 때 말하는 사람의 의도와 상관없이 아동 자체를 야단치게 되는 경우가 있다. 이때 행동과 행동하는 아동을 분리하여 아동이 나쁜 것이 아니라 아동이 취하고 있는 행동이 잘못된 것이라는 점에 초점을 맞추어서 이야기해야 한다. 만약 "매일매일 장난감을 스스로 정리하지 않으면 넌 나쁜 아이다."라고 하거나, 열 번 중 한 번 아동이 놀고 난 후 장난감을 정리하지 않았을 때, 부모가 기다렸다는 듯이 "그럴 줄 알았다. 너한테 기대한 내가 잘못이다."라고 말하는 것과 같이 부모의 말이 아동의 인격이나 자존감에 손상을 주지 않는지를 살펴봐야 한다. 또한 아동의 잘못에 대해 훈육할 때는 언성은 높이지 않지만 문제 행동이나 상황에 대해서 부모가 심각하게 느끼고 있다는 것을 말해야 한다. 그렇다고 부모가 아동에게 느끼는 감정을 표현할 때 "짜증난다." "폭발할 거 같다." "너 때문에 미치겠다."와 같은 너무 강력한 표현보다는 "속이 상한다." 또는 "걱정된다." "힘이 든다." 등과 같이 실제 부모가 느끼는 감정을 다소 순화시켜 표현하여 아동이 그 상황에 대해 위협감을 느끼지 않도록 해야 한다. 그리고 다시 아동의 행동이 현재 부모의 상황을 어떻게 방해하는지를 '~하기 때문에'라는 말을 사용해 설명해 주고 부모가 원하는 바를 구체적으로 다시 이야기해 주는 것이 필요하다.

둘째, 규칙을 세울 때는 부모가 결정해서 일방적으로 아동에게 통보하는 것이 아니라 아동을 규칙에 참여시키는 것이 필요하다. 부모가 규칙을 결정해 아동에게 일방적으로 통보하면 아동은 그 규칙을 단지 과제로만 받아들일 수 있는 반면, 규칙을 세울 때 아동 자신의 의견이 들어간다면 그때는 과제가 아니라 아동이 자율적으로 지켜야 하는 약속이 될 수 있기 때문이다. 그러므로 규칙을 세울 때는 "종민이가 엄마를 도와줄 방법이 무엇이 있는지 생각해 볼까?" 또는 "종민이가 할 수 있는 정리정돈은 무엇이 있을까?" "종민이는 몇 시까지 숙제를 끝낼 수 있을 거 같니?"와 같은 제안을 해서 아동의 참여를 유도한다. 단, 이때 아동이 "저는 정리정돈을 안 하고 싶은데요."라고도 말할 수 있으므로 사전에 부모는 "단, 종민이가 꼭 몇 가지 규칙은 지켜야만 한다."라고 말함으로써 아동이 한 가지라도 규칙은 꼭 지켜야 한다는 제한을 정해 주는 것이 중요하다.

셋째, 부모는 아동과 함께 세운 규칙을 아동이 잘 지키고 있는지 지속적으로 확인하고, 아동이 규칙을 잘 지키고 있다면 칭찬해 주어야 한다. 많은 부모가 아동과 함께 규칙을 세운 후 평상시에는 아동이 '알아서 하겠지.'라고 생각하면서 잘 확인하지 않는다. 그러다가 어느 날 갑자기 규칙을 잘 지키고 있는지 확인하면 아동은 부모가 자신을 감시한다고 생각할 수도 있다. 그리고 다른 날은 모두 규칙을 잘 지키고 검사를 한 그날만 규칙을 지키지 못했는데 그것에 대해 부모가 알아주지 않았다고 억울해할 수 있다. 그리고 이런 일이 반복되면 결국 아동은 규칙을 지키는 것을 포기할 수 있다. 아동이 부모가 자신의 행동을 관심 있게 지켜보고 있다고 느낄 수 있도록 규칙을 지키는 행동을 통해 아동이 성취감을 느낄 수 있도록 하는 것이 중요하다. 그리고 아동이 규칙을 어려워할 때는 부모가 아동을 도와주어야 한다. 또한 아동이 쉽게 규칙을 수행할 때에는 새로운 과업을 제시해 주는 등 부모의 지속적인 관심과 지지가 무엇보다 중요하다.

부모의 스트레스가 아동학대에 영향을 미친다

미나 씨는 7세 쌍둥이 남자아이와 4세 딸을 둔 36세 직장 여성이다. 미나 씨의 일상은 전쟁 같다. 미나 씨는 새벽 6시에 일어나 아침을 준비하고 남편을 출근시키고, 일어나지 않으려는 아이들을 깨워서 허겁지겁 밥을 먹이고는 어린이집에 보낸다. 정작 미나 씨 자신은 아침도 못 먹고 지각하지 않기 위해 정신없이 출근을 한다. 회사에서 근무시간 중에도 미나 씨는 아이들을 봐 주는 시어머니에게 미안해 빨리 퇴근해야 한다는 생각에 끼니도 거른 채 일을 한다. 6~7시 퇴근 후 녹초가 돼서 집에 들어가면 딸은 먹던 우유를 엎지르고, 쌍둥이 남자아이들은 장난감을 가지고 서로 자신의 것이라고 싸우고 있다. 남편은 회식이라며 늦게 들어온다고 했고, 아이들을 봐 주는 시어머니는 미나 씨가 오자마자 아이들로부터 해방되었다는 표정으로 부랴부랴 집으로 돌아가신다. 미나 씨는 한 보따리 쌓여 있는 빨래와 난장판인 집을 보며 화가 난다. 그럼에도 미나 씨는 피곤한 몸을 이끌고 다시 집안일을 하고 아이들 저녁을 챙긴다. 미나 씨는 저녁을 먹은 아이들을 빨리 재우고 싶지만 바로 자지 않고 놀고 싶어 하는 아이들을 보면, 일부러 자신을 화나게 하기 위해 아이들이 더 말을 안 듣는다는 생각이 들고 그때부터 미나 씨는 화가 치밀어 오르면서 머리가 아프기 시작한다. 결국 아이들이 일부러 잠을 자지 않는다는 생각까지 들어 아이들에게 소리를 지르고 "이렇게 엄마 말을 안 들으면 모두 고아원에 갖다 버리겠다."고 협박한 후 매를 든다. 아이들은 '엄마 밉다.' '엄마 싫어.'라며 울면서 잠이 든다. 아이들을 재운 후 미나 씨는 혼자 맥주를 마시며 늦게까지 집에 오지 않는 남편에게 화가 나서, 남편이 들어오면 오늘은 그냥 넘어가지 않겠다고 생각한다. 매일매일 전쟁과 같은 자신의 생활과 작은 일에도 아이들에게 자꾸 화를 내고 협박하고 매를 드는 자신에 대해 자괴감을 느낀다. 그러나

Part 2 | 학대받은 경험이 있는 아동이
건강하게 성장하기 위해서는 무엇이 필요할까? |

다른 한편으로는 아이들이 점점 자신의 말을 무시한다는 생각을 하다가도 그런 생각을 하는 자신이 부모로서 자격이 없는 것이 아닌가라는 생각을 한다. 그러다 자격 없는 자신이 앞으로 세 명의 아이를 잘 키울 수 있을까라는 부정적인 생각을 하다 울다 지쳐 잠이 든다.

미나 씨처럼 현대사회의 부모들, 특히 맞벌이 부모들은 잦은 스트레스 사건과 상황에 노출되어 있다. 미나 씨가 이 같은 스트레스 상황에 반응하는 자신의 행동에 대해 미리 알 수 있다면, 스스로를 자책하게 되는 행동을 하고 나중에 후회할 일을 저지르지 않을 수 있다. 만약 미나 씨가 나는 지금 쌍둥이 아이들이 싸우고 딸아이가 우유를 엎질러 화가 났지만, 사실은 감당할 수 없는 집안일과 피로한 몸, 아픈 머리, 도와주지 않는 남편 때문에 화가 나서 아이들의 행동에 과잉 대응하고 있다고 깨닫게 된다면 무엇이 달라졌을까? 미나 씨는 이 감정에 대해 아이들과는 상관이 없으니까 '아이들에게 소리 지르지 말아야겠다.'라고 생각할 것이다. 이러한 경고 신호를 인식할 수 있다면 미나 씨와 미나 씨 아이들 모두 다르게 행동할 수 있을 것이다.

미나 씨처럼 스트레스가 발생했을 때 스트레스에 민감하게 반응하고 화를 내는 것은 어떻게 보면 당연한 행동이다. 그러나 자신이 무엇 때문에 스트레스를 받는지 모른 채 화를 내는 것은 바람직하지 않다. 그러므로 부모는 자신이 일상에서 어떠한 일에 스트레스를 받는지 미리 파악하고, 그런 상황이 자신과 가족, 특히 아이들에게 어떤 위험을 초래하는지 인식하는 것이 중요하다.

다음은 미나 씨처럼 자신의 스트레스 상태를 정확히 인식하지 못할 때 도움을 줄 수 있는 스트레스 자각척도다. 다음 10문항 중 현재 자신은 어느 정도의 스트레스 상황에 있는지 체크해 보도록 하자.

[스트레스 자각척도(PSS)]

다음 문항들은 최근 1개월 동안 당신이 느끼고 생각한 것에 대한 것입니다. 각 문항에 해당하는 내용을 얼마나 자주 느꼈는지 표기해 주십시오.

1. 예상치 못했던 일 때문에 당황했던 적이 얼마나 있었습니까?
   ⓪ 전혀 없었다.   ① 거의 없었다.   ② 때때로 있었다.
   ③ 자주 있었다.   ④ 매우 자주 있었다.

2. 인생에서 중요한 일들을 조절할 수 없다는 느낌을 얼마나 경험하였습니까?
   ⓪ 전혀 없었다.   ① 거의 없었다.   ② 때때로 있었다.
   ③ 자주 있었다.   ④ 매우 자주 있었다.

3. 신경이 예민해지고 스트레스를 받고 있다는 느낌을 얼마나 경험하였습니까?
   ⓪ 전혀 없었다.   ① 거의 없었다.   ② 때때로 있었다.
   ③ 자주 있었다.   ④ 매우 자주 있었다.

4. 당신의 개인적 문제들을 다루는 데 있어서 얼마나 자주 자신감을 느꼈습니까?
   ⓪ 전혀 없었다.   ① 거의 없었다.   ② 때때로 있었다.
   ③ 자주 있었다.   ④ 매우 자주 있었다.

5. 일상의 일들이 당신의 생각대로 진행되고 있다는 느낌을 얼마나 경험하였습니까?
   ⓪ 전혀 없었다.   ① 거의 없었다.   ② 때때로 있었다.
   ③ 자주 있었다.   ④ 매우 자주 있었다.

6. 당신이 꼭 해야 하는 일을 처리할 수 없다고 생각한 적이 얼마나 있었습니까?

⓪ 전혀 없었다.　　① 거의 없었다.　　② 때때로 있었다.

③ 자주 있었다.　　④ 매우 자주 있었다.

7. 일상생활의 짜증을 얼마나 자주 잘 다스릴 수 있었습니까?

⓪ 전혀 없었다.　① 거의 없었다.　② 때때로 있었다.

③ 자주 있었다.　④ 매우 자주 있었다.

8. 최상의 컨디션이라고 얼마나 자주 느끼셨습니까?

⓪ 전혀 없었다.　　① 거의 없었다.　　② 때때로 있었다.

③ 자주 있었다.　　④ 매우 자주 있었다.

9. 당신이 통제할 수 없는 일 때문에 화가 난 경험이 얼마나 있었습니까?

⓪ 전혀 없었다.　　① 거의 없었다.　　② 때때로 있었다.

③ 자주 있었다.　　④ 매우 자주 있었다.

10. 어려운 일들이 너무 많이 쌓여서 극복하지 못할 것 같은 느낌을 얼마나 자주 경험

하셨습니까?

⓪ 전혀 없었다.　　① 거의 없었다.　　② 때때로 있었다.

③ 자주 있었다.　　④ 매우 자주 있었다.

총점_____

[채점 기준]

채점은 전혀 없었다 0점, 거의 없었다 1점, 때때로 있었다 2점, 자주 있었다 3점, 매우 자주 있었다 4점이며 자신이 체크한 문항의 점수를 모두 더한 점수가 총점이다.

총점이 높을수록 스트레스가 높다고 할 수 있으며, 일반적으로 13~16점은 경도 스트레스, 16~18점은 중등도 스트레스(우울증·불안증 검사 필요), 18점 이상은 심한 스트레스로서 우울증·불안증 검사 및 정신건강 전문가와의 면담이 필요하다고 할 수 있다.

출처: 김병수, 김정현(2013).

스트레스가 아동학대에 중요한 요인 중 하나라는 사실은 아동학대 행위자 치료 프로그램 개발2014 결과에도 드러난다. 아동학대 행위자 치료 프로그램 개발 연구 결과에 의하면 아동학대 행위자는 일반인에 비해 스트레스CAPI_DISTRESS가 높은 것으로 나타났으며, '가족과의 문제 요인CAPI_FAMILY'에 대해서도 아동학대 행위자가 일반인에 비해 가족 관계 속에서 발생하는 어려움을 민감하게 느끼는 것으로 나타났다. 뿐만 아니라 부모아동갈등해결지수CTS 중 '신체적 체벌CTS_PHY'의 경우 아동학대 행위자가 일반인에 비해 더 많은 신체적 체벌을 사용하는 것으로 나타났다. 또한 '비폭력훈련지수CTS_NON'도 일반인에 비해 아동학대 행위자가 비폭력적인 훈육을 덜 사용한다고 나타났다. 다시 말해, 아동학대 행위자는 일반인에 비해 스트레스가 높으며, 가족 관계 속에서 일어나는 갈등 상황에 민감하게 반응하지만, 이를 솔직한 감정 표현이나 대화를 통해 해결하는 것을 힘들어한다. 이로 인해 갈등 상황에 대한 대처 능력이 떨어지는 아동학대 행위자는 아동에게 신체적 체벌과 같은 폭력 행위를 통해 가족 내 갈등 상황을 해결하곤 한다. 그러므로 아동에 대한 폭력, 특히 가정 내 폭력을 근절하기 위해서는 가정 안에서 부모-자녀 간에 스트레스를 더 많이 느끼는 다양한 특성이 무엇인지를 살펴보아야 한다. 즉, 아동학대 행위자는 자신이 자녀를 위해 좋지 못한 행동을 하고 있다는 것을 알고

Part 2 | 학대받은 경험이 있는 아동이
건강하게 성장하기 위해서는 무엇이 필요할까? |

는 있지만 구체적으로 자신의 스트레스나 문제 행동의 원인이 무엇인지 그 행동을 어떻게 바꾸어야 할지, 그리고 자신의 행동이 자녀의 행동과 감정에 어떤 영향을 미치는지에 대해서는 알지 못할 수 있다. 그러므로 부모가 겪는 스트레스 요인을 분명히 하기 위해서는 앞에서 사용했던 객관적 도구나 척도를 사용하는 것도 좋다. 또한 스트레스 요인의 영역 및 구성요소를 다음과 같이 행위자, 아동, 상황, 그 외 가족 등의 영역으로 구분하여 살펴보고, 이러한 가족 내 개별적 특성들이 상호작용할 때 가족에게 어떻게 영향을 미치는지 이해할 필요가 있다.

[스트레스 요인의 영역 및 구성요소]

- 아동: 부모에게 물려받은 특징, 까다로운 기질, 활동 수준, 집중 정도, 충동 조절, 감정, 사교성, 자극에 대한 반응과 발달 능력, 신체적 특징에 있어 다루기 어렵고 문제 행동을 더 보이는 아동은 그렇지 않은 아동에 비해 가족의 관심과 참여가 많은 부분에서 요구되며, 이것은 가족 내 스트레스와 갈등을 증가시킬 수 있다.

- 부모: 아동 요인을 포함, 부모가 아동 양육에 대해 갖는 좌절감과 인내심, 자기통제 능력, 부모 자신의 건강 정도, 신체적 상태 및 행동적 · 감정적 · 인지적 기능과 관련된 걱정의 강도에 따라 스트레스와 갈등 상황이 증가될 수 있다.

- 상황: 상황에서 벌어지는 사건들, 그런 일을 하는 이유와 결과, 특정 행동, 특히 화가 나는 자신을 통제할 수 없다고 느끼기 시작할 때, 주위에 누가 있었는지에 따라 스트레스 강도가 달라질 수 있다.

- 가족: 원가족 안에서의 문제에 대한 대응 방안 습득, 결혼생활, 건강 문제, 원가족 및 확대가족의 가족 구성원과의 문제, 양육에 대한 교육 부재 및 부모 간 양육 갈등, 형제자매들과의 관계에 따라 스트레스 상황은 달라질 수 있다.

- 그 밖의 문제: 경제적 문제, 주거 환경, 소음, 자원 등

출처: 윤정숙, 박성훈, 김진석(2014).

아동학대 행위자는 자신에게 자주 발생하는 스트레스 상황이나 사건을 살펴보고, 그때 자신이 어떻게 행동하고 반응하는지를 살펴봐야 한다. 그리고 아이들에게 상처가 되는 말, 가령 미나 씨의 경우처럼 "이렇게 엄마 말을 안 들으면 모두 고아원에 버려 버리겠다."와 같이 때로는 위협적인 말도 아이들에게 신체적 학대를 하는 것과 같은 강도의 폭력적인 표현일 수 있음을 인식해야 한다. 그리고 부모들이 상황에 알맞은 대안적 언어를 사용할 수 있도록 도와야 한다. 즉, "이렇게 엄마 말을 안 들으면 엄마도 너무 힘들어서 너희에게 자꾸 화를 내게 된다."라는 대안적 표현을 한 후 그때 보이는 자녀의 반응을 파악해야 한다.

미나 씨는 스트레스 상황에 처했을 때 아이들과 남편에게 화를 내고, 그 결과로 자괴감과 같은 부정적인 사고를 갖는다. 이러한 부정적 사고는 상황을 더욱더 악화시키고, 자녀가 일부러 자신을 화나게 하거나 괴롭히기 위해 부정적인 행동을 한다고 생각하는 등 상황을 오해하거나 인지적 왜곡을 일으킬 수 있다. 그리고 아이들을 문제의 원인이자 자신의 생활을 비참하게 만드는 존재로 생각하고, 부모로서의 자신의 역할은 실패했다고 생각하는 등 상황을 부정적으로 보거나 파국적으로 바라볼 수 있다. 이는 결과적으로 부모로서의 자격과 능력에 대해 스스로가 부정적으로 바라보게 된다. 따라서 부모들은 자신의 스트레스 상황을 다르게 바라보는 힘이 필요하다. 다음은 미나 씨가 똑같은 상황에 대해 달리 해석하는 경우 행동의 결과가 어떻게 달라지며, 결국 그것이 자녀에게 어떤 영향을 미치는지를 보여 주는 예다.

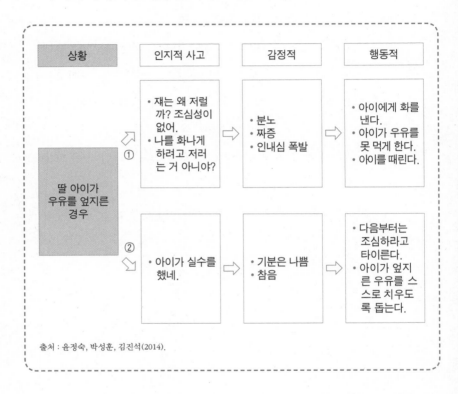

출처 : 윤정숙, 박성훈, 김진석(2014).

이때 미나 씨의 왜곡된 사고와 과장된 신념에 대해 상담사는 몇 가지 절차를 가지고 다루어 주어야 한다. 첫째, 상담사는 미나 씨에게 인지적 사고는 분명히 행동과 감정에 영향을 미친다는 점을 상기시켜 주어야 한다. 둘째, 미나 씨가 자신의 일상 사건을 말할 때 부정적으로 사고하거나 말하는지 그리고 그러한 말들이 스스로의 행동에 어떻게 영향을 미치는지를 파악하게 해야 한다. 셋째, 스트레스 상황을 해소할 수 있는 여러 방안, 예를 들면 인지적 사고 또는 상황에 대해 왜곡하는 과정을 파악하고 다르게 생각하기, 미나 씨 혼자 모든 육아를 책임져야 한다는 생각을 갖지 않기, 남편과 집안일을 분담하기, 일주일에 반나절은 미나 씨 자신만의 시간 갖기 등과 같은 구체적인 대안적 방법을 찾아내고 이를 행동으로 옮길 수 있도록 해야 한다.

학대하는 부모는 긍정적 행동 기술 습득을 통해 변화한다

아동학대 행위자는 아동과의 관계에 있어 긍정적이거나 지지적인 면이 덜하고 부정적이고 처벌적이다Burgess, 1978; Pianta, 1989. 또한 아이가 우는 행동과 같이 일상적인 일에도 부정적으로 반응한다. 그리고 아이에 대해 부적절한 기대를 가지거나 아이가 원하는 것에 공감하지 못한다. 학대하는 부모는 자녀를 자신의 소유로 생각하고, 처벌에 대해서 강한 신념을 가지고 있다. 이러한 부모들은 일관적이지 않고, 부정적이며 공격적인 훈육을 하는 것으로 알려져 있다Whipple & Webster-Stratton, 1991. 그러므로 부모-자녀 관계의 질을 향상시키기 위해서는 부모-자녀 간의 긍정적인 양육 기술parenting skills의 변화와 이에 대한 구체적 '행동 기술'을 습득하는 것이 필요하다. 이를 위해 부모는 자녀의 행동에 관심을 가지거나 무시하는 것을 적절히 조절해야 한다. 특히 무시를 사용할 때에는 부모가 그 행동에 대해 무시하는 이유를 자녀에게 명확히 인식하게 하는 것이 필요하다. 부모가 자녀의 행동에 대해 무시했을 때 반대로 자녀에게 기대하는 다른 행동에 대해서는 적극적인 관심을 가져 주어야 한다. 또한 자녀가 적절한 행동을 했을 때 칭찬하고 지지해 주며 자녀에게 스킨십과 같은 신체적 애정을 표현하는 것이 바람직하다. 다음은 자녀의 행동에 대한 부모의 적절한 무시와 관심의 예다.

상황 1 평소에 방 청소를 잘 안 하는 주희에게 방을 청소하라고 하자 주희가 열심히 청소하였다. 이를 본 엄마가 "오, 주희 대단한데! 엄마를 도와주기 위해서 청소한 거야? 주희 덕분에 엄마가 할 일이 없어졌네. 고마워."와 같은 칭찬을 한다.

상황 2 엄마의 관심을 끌기 위해서 자꾸 소리를 지르는 주희의 행동에 대해서 엄마는 주희의 행동이 멈출 때까지 모른 척하였다. 그 후 주희는 더 이상 소리를 지르지 않게 되었으며, 더 나아가 주희는 자신이 원하는 것을 차분히 부모에게 이야기했다. 이때 부모는 "주희가 소리를 지르지 않고 이렇게 차분히 말을 해 주니까 엄마가 너무 기쁘다."와 같은 칭찬을 표현한 후 안아 주었다.

이때 주의해야 할 점은 칭찬이든 무시든 일관성을 가지고 지속적으로 해야 한다. 그렇지 않으면 아동의 행동은 변화하지 않고 오히려 더 나빠질 수도 있다. 이와 더불어 자녀에게 관심과 계획된 무시를 사용할 때 다음과 같은 상황을 고려해야 한다.

1. 위험한 행동, 즉 상해의 가능성이나 기타 심각한 의미가 있을 때는 무시하지 말아야 한다.
2. 같은 행동에 대해서는 일관적으로 무시하거나, 관심을 가져야 한다. 단, 아동의 부정적 행동에 대해서는 무시해야 한다.
3. 어떤 행동을 무시하기 위해서는 눈을 맞추지 말고 아동에게서 등을 돌린다.
4. 아동의 행동을 무시하면 처음에는 행동이 더 나빠질 수 있으나 이는 흔한 일이다. 부모는 이것에 동요하지 않아야 한다.
5. 왜 아동의 행동을 무시하는지 기억하라. 그래야 아동을 무시하는 것에 대해 죄책감을 느끼지 않을 수 있으며, 성급하게 그 행동을 그만두지 않을 수 있다.

6. 항상 아동이 더 했으면 하는 행동에 관심을 가지라.
7. 칭찬을 해 줄 때는 구체적으로 해서 아동이 자신의 행동이 긍정적이라는 것을 알게 하라.
8. 관심을 보여 줄 때는 눈을 맞추고 웃어 주라.
9. 관심을 보여 줄 때는 목소리를 밝게 하라(상담사가 시범을 보여 준다). 때로는 평소보다 목소리 톤을 조금 높여도 좋다.

출처 : 윤정숙, 박성훈, 김진석(2014).

아동의 행동이 변화하길 원한다면 이때 부모는 아동에게 다음과 같은 긍정적인 지시 기술과 대화 기술을 갖추어야 한다.

첫째, 아동과 눈을 맞춘 상태에서 이야기한다. 부모는 아동의 눈을 봐야지, 등을 지고 아동에게 자신이 원하는 것을 요구하면 안 된다.

둘째, 눈을 맞춘 후 차분하지만 단호하고 큰 목소리를 사용해야 한다. 아동이 지금 부모의 말을 듣기를 원한다면 목소리 톤은 낮지만 단호하고 커야 한다. 그렇지 않을 때 아동은 때로는 부모 말을 거스르고 무시할 수 있다.

셋째, 아동이 무엇을 해야 할지 명확하게 규칙을 정해 주고 지시해야 한다. 예를 들면, "주희야, 엄마는 지금 주희가 방을 청소하길 원해."와 같이 부모가 원하는 것을 명확히 말하면서 지시하는 것이 좋다. 반대로 "아니, 돼지우리도 아니고 네 방 꼴 좀 봐

라. 여기서 생활하다 병 걸리겠다."라는 표현은 아동의 기분만 상하게 할 뿐 행동의 변화를 기대하기는 어렵다.

넷째, 필요한 지시라고 판단될 경우에는 정확한 지시어로 말하는 것이 바람직하다. "방 청소를 하는 것이 어떠니?"라고 말하면 아동은 "싫어요."라고 말할 수 있는 개연성이 있다. 이때 필요한 행동을 요구했다고 생각하는 부모는 아동의 부정적 반응에 분노할 수 있다. 그러나 아동 입장에서 보면 "방 청소를 하는 것이 어떠니?"라는 표현은 요구보다는 요청으로 이해되기 때문에 거절해도 된다고 생각한다. 그러므로 아이에게 모호한 지시보다는 '지금부터 네 방을 깨끗하게 청소한다면 엄마는 기분이 좋아질 거

(나지막하지만 단호한 목소리로)
주희야, 지금부터 네 방을 청소하면
엄마 기분이 좋아질 것 같아.
지금 바로 시작해라.

같다.'와 같이 명확한 지시를 하는 것이 더 효과적이다.

다섯째, 지시는 한 번에 하나씩 하는 것이 좋다. 어떤 부모가 "바른 자세로 학교 숙제하고 밥 먹은 후 네 방 청소를 해라. 그리고 학원 숙제하고 시간이 남으면 놀아도 좋다."라고 말한다면 아동은 부모의 너무 많은 요구에 혼란스러울 것이다. 아동은 부모의 요구를 듣는 순간 너무 많아서 열심히 해도 부모를 만족시킬 수 없다고 생각하여 주눅이 들거나, 어차피 다 못할 거라고 생각해 더 이상 부모의 지시사항에 아무것도 하지 않을 가능성이 높다.

여섯째, 보상을 통해 아동의 행동을 강화시키거나 소거시킨다. 보상에는 긍정적 행동에 대해 즉각적으로 자주 보상해 주는 경우와 부정적 행동에 대해 우연한 상황에서라도 보상하지 않으며 더 나아가 적극적으로 무시하는 경우가 있다. 첫 번째 경우, 아동은 특정 행동을 하고 보상을 받기 때문에 그 행동이 점점 더 강화된다. 두 번째 경우는 아동의 부정적 행동에 대해 부모가 무시하고 관심을 나타내지 않기 때문에 시간이 걸리기는 하지만, 아동의 부정적 행동은 점차 소거된다. 이러한 보상의 유형에는 사회적 보상, 활동적 보상, 물질적 보상이 있다. 사회적 보상에는 미소, 안아 주기나 두드려 주기, 쓰다듬어 주기, 칭찬하기와 같이 정서적 · 신체적 보상이 포함된다. 활동적 보상은 운동장에서 친구들과 놀기, 아동이 좋아하는 게임 또는 만화영화 보여 주기, 부모와 함께 보드게임하기 등과 같은 행동적인 것들이 해당된다. 마지막으로 물질적 보상은 아이스크림, 장난감, 오락기, 책, 학용품, 옷 등과 같이 아동이 원하는 물건을 사 주는 것이 포함된다.

그러나 물질적 보상보다는 오히려 부모가 아동에게 지시를 하고, 아동이 부모의 지시 상황에 반응할 때 부모는 그 즉시 칭찬과 보상을 하는 방법이 좋다. 예를 들어, "정주가 장난감을 스스로 치웠네. 대견한데! 고마워."와 같이 칭찬이나 보상은 아동이 부모의 지시를 즐거운 경험으로 받아들일 수 있다. 또한 이런 칭찬은 아동이 부모의 다음 지시사항도 열심히 할 가능성을 높여 준다. 왜냐하면 부모가 자꾸 물질적으로 보상을 하게 되면, 아동은 자신의 행동에 대해 부모와 협상하려고 하거나 점점 더 큰 물질적 요구를 할 수 있기 때문이다.

일곱째, 아동에게 지시사항을 반복하고 많은 기회를 주었음에도 아동이 일정 기간 동안 지시사항에 반응을 하지 않으면 부모가 거기에 맞는 적절한 행동을 하는 것이 필요하다. 예를 들면, 숙제를 지속적으로 하지 않는 아동에게는 게임시간을 제한해 아동에게 자신의 행동에 대한 책임을 질 수 있도록 해야 한다. 이 경우 아동에게 결과를 보여 주기 전에 "유리가 지금부터 1시간 안에 숙제를 끝내지 않으면 오늘 게임은 할 수 없어."와 같이 그 행동에 대해 사전에 어떤 제한을 할 것이라는 것을 명확히 이해시키는 것이 중요하다. 동시에 "유리가 숙제를 시간 안에 다 마치면 게임 시간은 원래대로 1시간 할 수 있어."와 같이, 아동에게 부모의 지시사항을 수행한다면 제한한 부분을 풀어 줄 것임을 미리 알려 주어야 한다. 즉, 부모의 제한이 아동에게 책임감 있는 행동을 가르치기 위한 의도임을 표현하고, 아동의 행동이 수정되도록 격려해야 한다.

마지막으로 '타임아웃'을 사용하는 것도 하나의 방법이다. '타임아웃'이란 아동이 부정적인 행동을 했을 경우 아동이 좋아하는 상황이나 즐거운 상황에서 아동을 격리시키고 조용하고 지루한 타임아웃 장소, 가령 벽을 보고 있게 하는 것이다. 때로는 아동에게 생각하는 의자에 앉아서 조용히 있다가 잘못된 행동에 대해 정리가 되면 부모에게 와서 이야기할 수 있게 하는 것 등과 같이 아동의 바람직하지 못한 행동에 대해 관심이나 그 밖의 보상을 받지 못하게 하는 것이다. '타임아웃'은 3세에서 13세 이하의 아동에게 적절하며 어린 아동일수록 효과적이다. 평소에 부모는 아동과 함께 '타임아웃'을 사용할 한 가지 대상 행동을 선정한다. 예를 들면, 부모의 허락 없이 오랜 시간 게임을 하거나 거짓말을 하는 행동 등을 선정할 수 있다. 그리고 '타임아웃' 장소로 사용할 따분한 공간을 정한다. 공간은 생각하는 의자나 거실 모퉁이 등이 적절하다. 이때 어두운 화장실과 같이 아동에게 무서운 장소나, 부모가 아동을 볼 수 없는 장소 등은 피해야 한다. 부모는 아동에게 '타임아웃'에 대해 쉽고 자세히 설명해 주어야 한다. 그리고 아동이 하지 말아야 할 행동을 했을 때 부모는 10초 이내 열마디 이하를 사용해 아동을 '타임아웃' 장소에 보낸다. 부모는 아동에게 '타임아웃' 당시 한정된 시간을 정해야 한다. 휴대용 타이머를 맞추어 아동이 들을 수 있는 곳에 두어도 좋다. 이때 너무 오랜 시간을 '타임아웃'하지 않도록 한다. 아동이 어릴수록 짧은 시간이 좋으며 최대 15분이 넘지 않도록 해야 한다. 그 시간 안에 부모는 아동에게 아무런 관심을 보이지 않도록 주의해야 한다. 시간이 지난 후 부모는 아동과 함께 '타임아웃' 장소에 간 이유와 그때의 감정, 그리고 현재 느끼는 아동의 마음에 대해 이야기를 나누도록 해야 한다. 그래야 아동이 '타임아웃'의 의미를 알 수 있다.

상담 현장에서 아동학대 부모들이 많이 하는 말이 있다. 아동에게 처음에는 부모로서 훈육 차원에서 체벌을 하다 아동의 반응에 화가 나면서, 자신도 모르게 감정이 섞여 결국 훈육이 아닌 폭력이 되는 경우가 종종 있다는 것이다. 때로는 부모가 아동을 훈육할 때 체벌이 아닌 방법을 사용하고 싶지만, 아동과의 갈등 상황에서 어떤 방법이 효과적인지 알지 못해 결국은 체벌을 하게 되는 경우도 있다. 다음은 부모가 아동의 체벌을 대신할 수 있는,

가정에서 실제로 활용할 수 있는 대안을 제시한 것이다.

칭찬 통장

    은행 통장처럼 아동 각각에게 칭찬 통장을 만들어 주고 아동이 과제를 잘했거나 태도가 좋을 경우, 다른 친구들에게 도움을 줄 경우에 스티커 형식으로 칭찬머니를 준다. 반대로 친구들과 다투거나 과제를 안했거나, 동생과 싸우는 등의 잘못을 저지르면 칭찬 통장의 금액을 감액한다. 그리고 월말에 칭찬 통장 잔액에 따라 아동에게 미리 약속했거나 그에 상응하는 물건을 구매할 수 있도록 한다. 때에 따라서는 물질적 보상이 아닌 '게임 하루 자유 이용권' '방 청소 면제권'과 같은 쿠폰 형태의 보상을 주어도 된다. 반면, 아동의 통장이 마이너스일 경우에는 '방 청소하기' '게임 제한권' 등과 같은 벌칙을 줄 수 있다. 이때 주의해야 할 사항은 보상 없이 너무 오랜 시간 칭찬 통장에 저축만을 계속 하게 하거나, 아동이 열심히 했음에도 불구하고 부모의 기분이나 상황에 따라 칭찬머니를 지급하지 않는다면, 시간이 지나면서 칭찬 통장 자체가 지켜지지 않을 수 있다. 그러므로 최소 한 달에 한 번 정도는 아동과 함께 칭찬 통장을 정산하고 인출하는 작업이 필요하며, 부모의 기분이나 상황이 아닌 아동의 행동에 대해 일관성 있는 보상이 이루어져야 한다.

칭찬 주인공

한 달에 한 번 우리 가족의 칭찬 주인공을 뽑는다. 가족이 모여 먼저 회의 시간을 통해 부모와 아동이 함께 그달에 지켜야 할 규칙을 정한다. 이때 부모뿐 아니라 아동의 의견도 포함되어야 하며, 아동만 실천하는 것이 아닌 부모 역시 실천할 수 있는 과제를 정하도록 한다. 예를 들면, '아빠와 엄마 그리고 명규는 서로에게 하루 한 가지씩 칭찬해 주기'와 같이 가족의 공통과제면 더욱 좋다. 그리고 과제를 거실과 같이 집안에서 가장 잘 보이는 장소에 붙인다. 월말이 되면 가족 중 과제를 가장 잘 성취한 '칭찬 주인공'을 가족이 함께 뽑고 '칭찬 주인공'이 어떻게 다른 가족들을 칭찬했는지, 어떤 말을 들었을 때 가장 기분이 좋았는지 이야기를 나누는 시간을 갖는다. 그리고 '칭찬 주인공'에게 여러 가지 보상을 활용해 시상한다. 이때 보상은 물질적 보상일 필요는 없다. 때로는 마트나 병원에서 이달의 친절한 직원을 게시하는 것처럼 가정 안에서 '칭찬 주인공'을 위한 상장을 만들어 주는 것도 좋다. 상장 안에는 '칭찬 주인공'이 수행한 과제를 구체적으로 적는 것이 좋다. 연말에 '칭찬 주인공' 상을 가장 많이 받은 가족에게 MVP상을 준다.

칭찬 샤워

가족이 한 주에 한 명씩 한 주의 '주인공'을 선정한다. 매일매일 다른 가족이 '주인공'에게 하루에 한 가지씩 그 사람의 장점을 칭찬해 준다. 칭찬 방법은 말로 해도 좋고 안아 주기, 쓰다듬어 주기와 같은 가벼운 신체적 방법을 함께 사용하는 것도 필요하다. 때로는 장점을 쪽지나 일기장, 메모를 활용해 가족들이 잘 볼 수 있는 냉장고나 현관문 등에 붙이는 것도 좋다.

　'칭찬 통장' '칭찬 주인공' '칭찬 샤워' 모두 가족 안의 잘못한 행동을 혼내고 야단치기보다는 바람직한 행동을 칭찬하는 데 초점을 둔 방법이다. 부모가 아동을 인정, 격려, 칭찬할 때 아동은 자신감을 갖고 자신에 대한 긍정적인 자아정체감을 형성한다. 그리고 아동은 부모에게 인정받고 칭찬받기 위한 여러 가지 행동을 하기 위해 노력하기 때문에 자연스럽게 아동의 문제 행동은 줄어든다. 뿐만 아니라 부모 역시 아동이나 배우자에게 인정받고, 격려, 칭찬받음으로써 부모로서의 자신감을 가질 수 있다. 물론 이러한 대안적 방법은 체벌과는 달리 즉시 효과를 나타내지는 못한다. 그러나 시간을 가지고 꾸준히 한다면 '칭찬'은 그 어떤 체벌과 훈육보다 효과적이다.

이처럼 아동에 대해 부모가 긍정적으로 바라보고 칭찬해 주기 위해서는 부모는 아동에 대해 다음과 같은 생각을 가지고 실천해야 한다.

- 차별 없이 자녀 개개인의 가치와 존엄을 존중해 주기
- 자녀에게 애정과 격려를 통해 긍정적 발달을 도와주기
- 자녀를 위험에서 보호하고 안전한 환경에서 자라도록 해 주기
- 자녀의 성장과 안녕을 위해 부모로서의 책임과 사명감을 가지기
- 긍정적인 의사소통 기술을 가지는 동시에 자녀의 의견을 소중히 여기고 귀 기울여 주기
- 아동이 스스로 문제를 해결해 나갈 수 있도록 적절히 도와주기
- 자녀의 부적절한 행동을 가족 전체 속에서 보려는 노력을 기울이기(체벌 지양)
- 자녀와 관련된 사항에 대하여 자녀를 중심으로, 자녀와 함께 의사결정하기
- 자녀를 존중하는 권위 있는 부모가 되어 주기
- 자녀가 반드시 지켜야 하는 질서나 규칙을 함께 선정하고, 합의하여 지켜 나가도록 도와주기
- 부모 자신의 긍정적·낙천적·진취적인 삶의 가치를 자녀에게 전해 주는 훌륭한 모델이 되어 주기

출처: 보건복지부, 한국보건복지인력개발원(2013).

그 밖의 학대 상황에 대한 대처 방법도 알아 둔다

형제간 폭력 문제

혁이와 영오는 한 살 차이 나는 형제다. 혁이와 영오는 아침부터 저녁까지 으르렁거리며 싸운다. 둘은 어려서부터 싸움과 질투가 심해서 하루도 조용할 날이 없다. 동생 영오는 형 혁이가 하는 모든 것을 하고 싶어 한다. 형이 태권도를 하면 자신도 하겠다고 하고, 엄마가 형 신발을 사 오면 자신의 신발을 사 오지 않았다고 울고, 심지어는 자기 앞에 똑같은 음식이 있어도 형이 먹는 음식을 같이 먹고 싶어 한다. 그런 영오가 혁이는 귀찮고 영오가 오면 "야, 저리 가. 꺼지란 말이야!"라고 말하며 때로는 영오를 발로 차고 밀치기도 한다. 그럴 때마다 영오는 엄마에게 "형이 나 때려. 안 놀아 준대."라고 말하고, 엄마는 소리를 지르며, "혁아, 영오가 너랑 놀고 싶어서 그러잖아. 동생 좀 챙겨 주면 안 되니?"라고 짜증스러운 목소리로 말한다. 엄마에게 야단을 맞은 후 혁이는 영오를 보며 "너 때문에 엄마한테 혼났잖아."라며 다시 영오를 때리곤 한다.

도대체 혁이와 영오는 왜 싸우고 때리며 갈등하는 것일까? 어떤 형제는 갈등을 별로 겪지 않는 반면, 또 다른 형제는 혁이와 영오처럼 서로 죽일 것처럼 쉬지 않고 비난하고 폭력을 행사하면서 싸우기도 한다. 또 어떤 형제는 둘도 없는 사이처럼 친밀함과 애틋함을 보이다가도 갑자기 원수처럼 헐뜯고 물어뜯고 싸운다.

자녀들이 싸우는 이유는 부모의 관심 때문이다. 자녀들은 부모의 관심을 받고 싶어 한다. 그러나 외동아이가 아닌 이상 자녀들은 무엇이든지 함께 나누어야 하기 때문에 부모의 관심을 얻기 위해서는 자연스럽게 서로 다투고 경쟁할 수밖에 없다. 그러다 보니 부모가 자신이나 형제를 대하는 태도와 행동에 민감하게 반응하고 질투하게 된다. 즉, 부모의 차별 대우는 형제 갈등과 다툼의 중요한 요인이다.

자녀들의 갈등과 다툼에 대한 부모의 반응은 가정마다 다르다.

어떤 부모는 자녀들을 달래거나 설득하고 때로는 중재자로 나선다. 그러나 어떤 부모는 혁이와 영오의 부모처럼 갈등에 대해 특정 자녀의 잘못을 따지며 해결을 강요하는 심판자 역할을 한다. 때로는 자녀의 갈등에 전혀 관여하지 않는 부모도 있다. 부모가 어떤 반응과 태도를 보이는지에 따라 자녀 간의 갈등은 달라질 수 있다. 분명한 것은 부모가 자녀 사이의 갈등에 대해 잘잘못을 따지고 억지로 해결을 강요하면 자녀들의 관계는 더 악화될 수 있다. 그러므로 부모는 기준을 정하고 일관성 있게 훈육해야 한다.

혁이와 영오 형제처럼 남자 형제들은 단순한 일도 말보다 주먹으로 해결하고자 한다. 이때 부모가 '남자아이들은 다 그러니까.'라고 방치하고 쉽게 생각하고 넘어가면 안 된다. 왜냐하면 집 안에서의 폭력 행동은 어린이집이나 학교와 같은 사회 안에서도 형제가 싸울 때처럼 폭력적인 행동으로 나타날 수 있기 때문이다. 이 같은 폭력은 습관이 될 수 있으므로 부모는 자녀에게 "폭력은 어떠한 상황에서든 안 돼."라고 단호하게 말하여 명확히 숙지시켜 줘야 한다. 그렇지만 이때 부모가 매를 들면 그 행동 역시 폭력적이므로 어떤 의미에서는 아동의 폭력을 정당화시키고 답습시킬 수 있다. 따라서 체벌 대신 아동에게 장난감을 정리시키거나, 벽을 보고 몇 분간 서 있게 하거나, 아동이 좋아하는 게임이나 컴퓨터를 하지 못하게 하는 벌이 효과적이다.

그리고 무조건 형이라는 이유로 동생에게 양보를 강요하거나, 동생 역시 형의 말을 잘 들어야 한다며 복종을 강요해서는 안 된다. 부모가 이런 부분을 강조하면 형제는 서로에게 큰 불만을 갖게 될 뿐만 아니라, 서로 스트레스를 받게 되어 결과적으로 형제 관계가 나빠진다. 또한 부모가 먼저 나서서 "혁이가 동생을 안 받아 주니까 동생이 자꾸 조르지!" "영오는 형을 너무 귀찮게 해. 그만해."라고 판단하고 중재하거나, "혁이는 동생 보기 창피하지 않니? 형이 되어서." "영오, 너는 왜 형처럼 못하니?"와 같이 자녀들을 비교하거나 판단하는 말은 삼가야 한다. 부모가 아동을 야단치거나 칭찬할 때는 동일하게 대해야 하며, 두 아동이 싸운다면 싸운 이유를 들어 본 후 똑같이 주의를 주어야 한다.

{ 다른 아이들의 성에 관심이 많은 아동 }

7세 하늘이는 유치원의 같은 반 여자친구 바다와 서로 좋아한다. 하늘이는 집에서 장수풍뎅이를 기르는데 얼마 전 장수풍뎅이가 짝짓기를 하는 장면을 보게 되었다. 하늘이 엄마는 하늘이에게 「울리는 어디로 갔을까?」라는 책을 읽어 주며 자연스럽게 성에 대해 알려 주었다. 그 후 하늘이는 여성과 남성의 성에 대해 관심이 많아졌고, 자신의 성기를 만지며 엄마에게 "왜 여기에 오줌이 없는데 오줌이 나오지?" "나는 엄마

뱃속에서 어떻게 나온 거야?"라고 묻곤 하였다. 그러던 어느 날, 하늘이는 유치원 화장실로 바다를 불러 성기를 가리키며 "내 거 보여 줄 테니까 너 것도 보여 줘."라고 말했고, 바다가 싫다고 하자 "그럼 너랑 친구 안 할거야."라고 말하였다. 그 장면을 본 유치원 선생님이 하늘이와 바다 엄마에게 이 사실을 알렸고, 바다 엄마는 바다에게 다시는 하늘이와 친하게 지내지 말라고 일렀다. 그 뒤부터 다른 여자아이들 엄마도 하늘이를 이상하게 보기 시작했다.

심리학자인 프로이트Sigmund Freud는 만 3~6세를 남근기phallic stage라고 하여 이 시기의 아동은 성기에 많은 관심을 가지며, 자위 행위를 하고 출생과 성에 관심을 보이는 시기라고 하였다. 에릭슨Erik. H. Erikson 역시 이 시기에 대해 성적 호기심, 성기의 흥분, 성적인 문제에 대해 지나친 관심을 가지는 단계로 보았다_{정은, 2014}. 하늘이의 경우에는 성인이 생각하는 것처럼 성적 목적으로 바다의 성기를 보여 달라고 한 것이 아니다. 하늘이는 프로이트와 에릭슨이 말한 것처럼 발달단계상 자신의 출생과 성에 많은 관심을 가지는 시기다. 거기다 최근 장수풍뎅이의 짝짓기를 보고, 책을 통해 성에 대해 알게 되면서 하늘이의 성에 대한 호기심이 자연스럽게 커져 갔다. 그리고 커져 가는 호기심으로 하늘이는 사진이 아닌 실물이 보고 싶었고, 자신이 친하다고 생각하는 바다에게 성기를 보여 달라고 한 것이다. 그 결과 하늘이는 주변에 이상한 아이로 낙인 찍히게 되었다. 이는 어른들이 아동의 발달단계를 고려하지 않고, 어른의 시각에서 아동의 행동을 바라봤기 때문에 생긴 결과다. 이때 부모가 하늘이에게 "네 몸이 소중한 것처럼 바다의 몸도 소중해. 그러니까 다른 친구들의 소중한 부분을 함부로 보여 달라고 하면 안 된단다."라고 말해 주는 것으로 충분하다. 바다에게도 "하늘이가 친구의 몸이 많이 궁금했나 봐. 그렇지만 바다의 몸은 소중한 거니까 아무리 친한 친구라도 보여 주지 않아야 하는 거야."라고 말해 주는 것이 바람직하다. 때로는 어른들의 지나친 반응이 아동들을 더 상처받게 할 수 있다.

Part 3

아동학대 가정을 위해
어떻게 개입할 것인가?:
상담사와 가족의
협력적 관계를 위한 접근

"신데렐라는 어려서 부모님을 잃고요~ 계모와 언니들에게 구박을 받았더래요~ ♫"

어린 시절 손뼉치기 놀이를 하면서 불렀던 구전 동요 〈신데렐라〉는 아이들 사이에서 여전히 불리고 있다. 동화에서 신데렐라는 지나친 구박을 넘은 학대의 경험을 하는 것으로 표현된다. 물론 끝은 해피엔딩이다. 해피엔딩이 아니라면 마음이 아파서 지켜보기가 쉽지 않다. 현실은 어떤가? 동화처럼 아름답게 끝나는 경우와는 달리 때로는 현실이어서 더 가슴 아파 오는 사연이 더 많다. 동화 속에서는 아동이 가족에게 고통을 받을 때 그 가해 대상이 보통은 계모나 계부로 그려져 있지만, 사실 원작의 대부분은 계모나 계부가 아니라 친부모다. 친부모라는 것이 너무 잔혹해 보이기 때문에 성인이 아닌 아동을 위한 동화로 개작되면서 친부모를 계모나 계부로 바꾸었다고 전해진다.

우리는 이 장에서 아동학대 가정 개입에 대한 전문가적 입장을 밝힐 것이다. 친부모가 학대 행위자인 경우가 많기 때문에 부모가 자녀와 함께 치료적 놀이를 하는 것은 바람직하지 않다. 다시 말해, 지금까지 자녀를 학대적으로 대했던 부모가 갑자기 자녀에게 치료적 놀이를 시작하면 자녀는 부모에게 양가적 감정을 느껴 괴로울 수 있다. 따라서 가족 체계를 위한 접근을 하면서 부모와 자녀 각각을 위한 개별적 접근과 통합적인 접근을 병행하는 가족 전체에 개입하는 방식이 바람직하다. 이처럼 가족 전체에 개입하는 가족놀이 프로그램은 각 가족 구성원이 심리적 안정감을 유지하면서 안전하게 치유로 향할 수 있다. 여기서는 저자들이 속한 한스카운셀링센터에서 개발하여 아동학대 가정에 실시했던 프로그램을 소개하고자 한다.

이 프로그램은 가족 전체를 대상으로 하지만, 각 가족을 위한 개별 적용을 시도하면서 궁극적으로는 부모-자녀 관계 개선을 시도하고 있다는 점이 특징이다. 이 프로그램은 가족끼리 실시하는 것보다 전문성을 가진 상담사가 함께 하는 것이 바람직하다.

전문가의 자세: 실천하는 삶을 위한 키워드
'단순히 단어만 인지하는 것이 아니라 개념을 이해하기(Not a word But a concept)'

사람들에게 '정직'의 정의를 설명하라고 하면 저마다 멋진 대답을 할 것이다. 그러나 이어서 "만약 길에서 떨어진 지갑을 주웠고 아무도 본 사람이 없다. 그때 나는 그 지갑을 어떻게 할 것인가?"라는 질문을 하면, 조금 전의 반응과는 달리 "지갑을 슬쩍 갖겠다."라고 답하는 사람도 적지 않을 것이다. 우리는 이런 상반된 대답을 어떻게 이해해야 할 것인가? 이러한 모순을 해결하기 위해서는 이야기치료의 창시자 화이트_{M. White}가 말했던 것처럼 '단순히 단어만 인지하는 것이 아니라 개념을 이해하기'로 우리의 삶을 이해하는 것이 중요하다. 사람들은 정직, 공평, 의리, 배려, 존중, 책임감 등의 단어의 의미를 알고 있다. 사회에 만연한 어려움은 사람들이 이러한 개념을 알면서도 그렇게 살고 있지 않아서 발생한다. 가정에서 자녀를 학대하는 부모와 상담을 하면 학대의 행위자인 부모 역시 자녀에 대한 '사랑'과 '사랑의 표현', 자신의 감정에 대한 '조절 능력' 그리고 어린아이일지라도 인간으로 '존중'해야 한다는 단어의 뜻을 모르고 있지 않다는 점을 강조하고 싶다. 단지 그들은 여러 이유로 그것을 실행에 옮기지 못하고 있을 뿐이다. 따라서 전문가들은 자녀를 학대하는 가정을 위해 개입할 때 학대 행위자인 부모 역시 상처받은 존재임을 잊지 말아야 한다. 그들을 비난하면서 바람직하지 않은 부모라고 꼬리표를 달고자 할 때, 그들은 더 이상 마음의 문을 열 수 없고 자녀의 상처를 보듬을 수 있는 여지가 생기기 어렵다. 전문가는 학대 행위자인 부모를 공동협력자의 위치에 두면서 그들이 자녀에게 '개념' 있는 행동을 할 수 있도록 돕는 것이 바람직하다. 지금부터 이 과정을 돕기 위한 개입 방법들을 제시하고자 한다.

{ 외재화 대화 }

외재화Externalization 대화의 핵심은 '사람이 문제가 아니라 문제만이 문제일 뿐이다.'라는 화이트의 주장에 근거한다. 그러나 이 같은 주장으로 이야기치료는 학대 행위자들을 위한 상담 개입으로 적절하지 않다는 편견을 초래하기도 했다. 여러 학자들은 '사람이 문제가 아니라'라는 부분으로 인해 잘못된 행동을 저지른 사람들이 자칫 문제와 자신의 정체성을 분리함으로써 스스로 '문제를 만든 나 자신은 정당하다.'라는 책임 회피를 초래할 수 있다고 우려한 것이다. 그러나 우리의 임상 경험에 의하면, 학대 행위자들에게 자신의 정체성과 문제를 분리하는 외재화 대화를 하더라도 행위자들은 자신이 했던 행동에 대한 책임을 감당해야 한다. 외재화 대화는 책임감을 사라지게 하는 것이 아니라 오히려 책임감을 발달시켜 준다. 물론 외재화 대화 자체가 책임감을 일깨워 주는 것은 아니지만, 외재화 대화는 학대 행위자에게 '여유 공간'을 제공하여 책임감을 떠올리도록 돕는다. 폭력이 삶에 미치는 영향에 대해 이야기를 나누는 것은 폭력과 관련된 다른 많은 이야기와 가능성을 찾게 해 주어서 폭력을 행사하지 않고도 자신의 이념과 가치를 행사할 수 있었음을 알게 한다. 외재화 대화를 하기 위해서는 먼저 자신의 행동에 이름을 붙이도록 한다.

아내를 폭행해서 응급실까지 가게 하고 둘째 아들에게도 자주 폭력을 행사했던 민수 아버지(가명)는 자신의 행동에 '불도저'라는 이름을 붙였다. 화가 나면 모두 쓸어 버리려는 자신의 행동에 이름을 붙인 것이다. 조금 더 설명해 달라고 상담사가 요구했을 때 민수 아버지는 '불도저'가 자신을 가족들로부터 소외당하게 하고 외로움을 느끼게 한다고 고백할 수 있었다. 민수 아버지는 불도저 이야기를 통해 자신이 어린 시절 어머니가 아버지를 홀대하는 모습이 가장 못마땅했었고 슬픈 감정이 누적되어 있었다는 자신의 깊은 감정을 만나게 되었다. 그 슬픈 감정은 지금 자신의 아내와 자식들에게 인정받고 소속감을 느끼고 싶도록 만들었다. 그래서 늘 삶에서, 직장에서 최선을 다했다. 민수 아버지는 자신의 노력에도 불구하고 가족에게서 존중받지 못한다고 느끼면서 자신의 아버지 모습과 겹쳐져 쉽게 분노로 표현되고 있음을 발견했다. 이처럼 민수 아버지는 외재화 대화를 통해 삶에서 펼쳐지는 다양한 결과나 행동이 '불도저'와 관련되어 있음을 알게 되었다. 원가족 내에서의 경험과 현재의 가족 내에서의 자신의 행동을 연결할 수 있었던 것은 민수 아버지에게 큰 결실이었다.

상담사: 민수 아버님, 가족에게서 인정받는다는 것은 무엇을 의미하나요?

민수 아버지: 존중받는 거죠. 잘하고 있다, 노력하고 있다는 것을 알고 인정해 주는 거랄까. 아내가 아들들에게 함부로 대하지 않는 것도

중요해요. 왠지 아들들을 막 대하면 나를 무시하는 것처럼 느껴져요.

상담사: 아버님이 잘하고 있다고 인정받아야 하는데 아내가 아들들을 함부로 대하면 그 행동이 마치 아버님을 무시하는 것 같이 느껴지신다는 거네요.

민수 아버지: 네, 그래요.

상담사: 아내가 아버님을 무시한다고 느껴지면 어떤 감정이 드세요?

민수 아버지: 너무 화나죠. 참을 수 없는 욱하는 감정이 느껴져요.

우리는 보통 사람의 행동에만 집중한다. 표면적으로 명확하게 먼저 눈에 띄는 것이 행동이기 때문이다. 민수 아버지는 문제를 일으키고 유발하는 공격적인 행동, 즉 폭력에 의해 비난받고 '나쁜 사람'으로 치부되는 것을 힘들어했다. 민수 아버지는 상담 초반에 자신이 얼마나 좋은 사람인지를 드러내고 강조하는 대화를 지속하였다. 그러다 외재화 대화를 통해 민수 아버지는 처음으로 자신의 내면과 깊은 감정을 느낄 수 있게 되었다. 자신의 삶에 대한 새로운 이해인 것이다. 자신에 대한 새로운 이해는 다른 행동 목록을 가져올 수 있도록 돕는다.

민수 아버지는 자신의 폭력적 행동에 '불도저'라는 은유적인 이름을 붙임으로써 다 쓸어 버리고 났을 때 오히려 시원한 것이 아니라 허전하고 후회가 된다는 것을 말할 수 있었다. 민수 아버지는 이야기를 나누면서 불도저는 새로운 건축을 위해 사용한 것이지만, 결과적으로는 새로운 건축 이전에 쓸쓸함과 소외감이란 감정을 경험했음을 느낀 것이다. 민수 아버지는 자신 내면의 감정을 진솔하게 만날 수 있었다. 행동에 대해서만 집중되고 비난받을 때는 오히려 자신의 행동을 정당방위로 표현하고 싶어 했고 '그럴 수밖에 없는' 것으로 나타내고 싶어 했었다. 그렇지만 외재화 대화는 민수 아버지가 자신의 깊은 감정인 '슬픔'과 '외로움'을 만날 수 있게 했고, 자신이 진정으로 원하는 것은 '쓸어 버리는' 것에 있지 않고 '건축'에 있다는 것을 알게 되었다. 즉, 슬픔 때문에 화가 나고, 화가 나면 자신이 원하는 상황을 만들지 않고 오히려 반대의 결과를 초래한다는 점을 이해한 것이다.

외재화 대화를 통해 민수 아버지는 자신이 진정으로 가족에게서 받고 싶어 했던 감정과 만날 수 있었다. 그것은 '존중과 인정'이었다. 이 감정을 알게 된 순간부터 민수 아버지는 다르게 행동했다. 아들에게 부적절하게 관여하는 것을 멀리하고 아내에게도 출근 때 차로 태워다 주며 돕는 행동을 하였다. 아내가 아들을 대하는 태도를 볼 때, 그 행동이 아들과 닮아 있는 자신을 무시하는 것이 아닌 단지 아내의 방식으로 자녀를 훈육하는 것이라는 점도 알게 되었다. 이 같은 이해는 자신의 힘든 과거와 연결시키면서 분노하는 것에서 벗어날 수 있게 도왔다. 민수 아버지는 '존중과 인정'을 받는다는 사실을 단어로 아는 것만이 아닌 그 단어에 대한 자신의 개념을 이해하게 되었다. 그리고 '존중과 인정'을 받기 위해서 자신이 어떤 행동 목록을 선택해야 하는지를 결정하게 된 것이다. 결국 외재화 대화를 통해 개념 형성을 하고 나면 삶에 대한 결론과 바람직한 가치를 깨닫게 되고, 그것을 얻기 위한 행동 목록을 발견하게 된다. 외재화 대화는 사람들이 자신의 삶에 대한 바른 시각을 발견하고 가치에 따라 행동할 수 있도록 하며 스스로 책임질 수 있게 가능성을 열어 준다. 그 단계를 살펴보면 다음과 같다.

1. 문제를 외재화한다.
2. 은유적으로 표현한 외재화를 통해 삶에 미친 결과를 살펴본다.
3. 결과를 반추하고 이것이 왜 생겼는지 스스로 묻는다.
4. 자신의 삶에 대한 다양한 결론을 도출해 본다. 삶의 의도와 가치, 바람에 대해서 발견하게 된다.
5. 은유로 표현한 외재화는 삶과 문제를 해체하게 돕는다. 즉, 표면적인 행동이나 결과에 집중하는 대신 내면에 담긴 자신의 가치를 존중하게 돕는다.
6. 자신의 정체성 이야기, 내면의 가치에 집중하면 미래 지향적인 다양한 행동 목록을 설정해 볼 수 있다. 그리고 그 행동들의 일부는 이미 현실에서 실천하고 있는 중일 수 있다.

'폭력'을 출산한 어머니, '지배와 통제'라는 문화

자식은 부모의 거울이므로 부모를 보면 자식을 알 수 있다는 말이 있다. 이것은 폭력 문화에도 해당한다. 우리의 행동 패턴을 지배하는 사회 문화적 담론이란 것은 존재하기 마련이기 때문이다. 남성의 폭력_{물론 남성만 폭력을 행사하지 않는다. 일반적으로 이야기를 진행할 때 우리는 또 다른 담론에 빠질 수 있으므로 여성도 폭력을 행사할 수 있음을 밝힌다}에 여유의 공간을 허락한다면 학대 행위자들은 자신의 정체성과 폭력적 행동을 동일시하는 것에서 벗어날 수 있다. 중요한 것은 이렇게 외재화를 통해 자신의 정체성을 폭력과 분리할 때 다른 가치들을 발견할 수 있고, 인생에 대한 책임감이 증진된다는 점이다. 관련된 가설은 다음과 같다.

☆ 폭력을 행사하여 의뢰된 남성 내담자들은 폭력 행동의 원조가 아니다.
☆ 폭력을 초래한 보다 근원적인 모태가 반드시 있다.
☆ 폭력을 출산한 어머니는 '지배와 통제'라는 문화다.

이런 가설에 근거하여 폭력의 어머니를 다루는 방법은 다음과 같다. 이것은 외재화 대화와 더불어 진행할 수 있다.

1. 학대에 대한 외재화
2. 남성의 문화에 대한 탐색과 노출
3. 세상 속에서 살아가는 다른 방식을 개발
4. 학대적이거나 착취적이지 않으면서 다른 사람과 관계 맺기

여기서 먼저 남성의 문화에 대한 탐색과 노출에 대해 살펴보고
자 한다. 작가 다비드 칼리David Cali의 『싸움에 관한 위대한 책』이라
는 동화에서는 싸움을 우리가 '어이쿠' 하는 순간에 시작되는, 눈
깜박할 사이에 타오르는 불씨로 표현한다. 이 작가는 싸움이나
전쟁에 대한 특별한 가치를 지니고 있다. '큰 사람과 작은 사람의
싸움은 정의롭지 못하다.'라고 못 박아 표현한다. 3대 1 같은 싸
움도 공정하지도 않고 싸움의 가치가 없다고 본다. 보통 무언가
를 얻기 위해 싸우지만 사실상 싸움이 끝나면 얻는 것은 아무것
도 없다고 표현한다. 그럼에도 남성은 힘의 권력, 힘의 지배를 중
요하게 생각한다. 힘을 과시하거나 힘을 행사하기 위해 남성에
게 싸움과 폭력은 자연스럽게 따라오는 필수품일 수 있다. 이런
이유로 남성들은 자신의 경험 세계에 영향을 미친 지배와 통제에
대한 기술과 실천에 대해 노출시키는 과정이 필요하다. 물론 성
차별적 발언이라는 논란이 생길 수도 있다. 남성뿐 아니라 여성
에게도 해당되겠지만, 일단 폭력과 지배의 담론을 해체할 때 남

성 문화를 중심으로 살펴본다는 점을 밝혀야 할 것이다. 남성의 문화에 대해 탐색하고 그 영향력을 살펴볼 때 자신이 삶의 주체인 장면에서 다른 방식을 선택할 수 있는 여지가 생기기 때문이다. 즉, 새로운 정체성 이야기를 발견하고 구체화하는 과정이 된다. 궁극적으로 학대에서 벗어난 정체성 이야기를 찾고 구성할 수 있을 때 과거의 '오점'을 남기는 행동을 줄여갈 수 있다. 그리고 세상 속에서 살아가는 다른 방식을 개발하게 되는 것이다.

정체성 이야기를 확장하기 위한 다이아몬드 은유는 다음과 같다. 다이아몬드는 원석 안에 자연적으로 생성된 흠과 결절이 빛을 받아 빛날 때 가장 아름답다. 다이아몬드의 가치와 아름다움을 드러낼 수 있는 요인은 자연스럽게 외압으로 생긴 내면의 흠과 결절인 것이다. 자연산 다이아몬드 안에 존재하는 결점과 흠이 결국은 그 다이아몬드를 가장 빛나게 해 주는 요인인 것처럼, 결점과 흠은 비난받지 않고 자신의 보석 안에 잘 품어야 한다. 그리고 세공 작업을 통해 힘을 가진 그들이 '다르게' 빛날 수 있게 도와야 한다. 내담자들이 자신 안에 결점과 흠이 있을 수밖에 없다는 사실을 먼저 인정하고 그 흠에 대해 이야기할 때 다르게 빛날 수 있는 대안을 찾을 수 있다. 내담자들의 빛나는 대안 이야기들은 치료적 문서 작업을 통해 오래 기억될 수 있도록 전수되어야 한다. 또한 '학대적이거나 착취적이지 않으면서 다른 사람과 관계 맺기'를 실천하고, 내담자들이 빛나는 이야기들을 지속하며 살아갈 수 있도록 지지 체계를 구축해야 한다. 최종적으로 집단 속에서 혹은 삶 속에서 찾아낸 내담자들의 긍정적인 감정이 묻은 경험을 오래 공유할 수 있도록 문서 작업을 하는 것이 필요하다. 이런 과정은 뒷장에서 소개할 '다이아몬드 프로그램'에 잘 나타날 것이다.

다이아몬드 프로그램을 진행할 때, 학대의 행위자가 아버지인 경우 아버지들만 모아서 이 작업을 하는 것이 다양한 대안적 이야기들을 만들어 내는 데 큰 도움이 되었다. 학대의 행위자들과 집단으로 작업하면서 자신의 학대 행위를 외재화하고 그 불순물이 생기게 된 배경적 영향력p. 143 참고을 살펴본다. 이런 지배의 문화에 자신이 순응하거나 도구가 되면서 경험했던 것들을 함께 공유할 때 남성들의 행동과 관련된 전후 맥락을 고려하게 되어 '학대하는 남자'로 자신을 전체화하지 않게 돕는다. 자신을 학대 행위자로 정체성을 확립할 때, 그 사람은 자신의 행동에 대한 책임감을 받아들일 수 있는 여지를 갖지 못한다. 따라서 이 작업은 남성이 어떻게 지배 문화의 도구가 되고 공범자가 되었는지에 대해 생각해 볼 수 있는 새로운 공간을 열어 준다. 남성들이 함께 모여 작업하면 훨씬 더 남성 우월에 대한 태도나 권위에 대해 이야기를 나누기 쉽다.

'지배와 통제'의 문화라는 어머니의 영향을 전수받아 '폭력'이라는 자식이 되었다는 공통성에 대해 나눌 때, 아버지들은 동질의식을 느끼고 이런 행동의 결과를 공유할 수 있다. 특히 행동의 결과를 공유할 때 아버지들은 공통적으로 슬픔을 경험하게 되고, 그 슬픔은 결국 자신이 원했던 감정이 아니란 것을 깨닫는다. 그리고 자식은폭력 어머니지배와 통제라는 뿌리를 발견하면서 학대에 대한 외재화와 남성의 문화에 대한 탐색과 노출을 한다. 이 같은 과정을 거친 후 '세상 속에서 살아가는 다른 방식'을 개발할 수 있게된다. 재미있는 것은 아버지들 사이에서 폭력의 행동을 외재화할 때 "난 절대 이렇게 한 적이 없어요."라는 부분이 자주 등장한다. 이는 이야기치료에서의 예외적 상황, 독특한 결과를 가져오게 돕는다. 누구에게나 행동에는 기저선이 있게 마련이기 때문이다. 이때 서로의 행동에 대한 모델링도 되고 자신이 그렇게까지하지 않은 행동의 이면에 존재하는 이유와 근거, 가치를 발견하게 돕는다. 이런 주제의 이야기는 학대적이거나 착취적이지 않으면서 다른 사람과 관계 맺을 수 있는 방법까지 찾을 수 있게 돕는다. 이 과정을 민수 아버지와의 대화를 통해 살펴보자.

상담사: 민수 아버님, 차 안에서 아내와 싸우다 왜 차에서 내려 걸어가신 건가요?

민수 아버지: 차에서 그렇게 싸우다가는 죽일 수도 있겠단 생각이 들더라고요. '그 상황을 아예 떠나 버리자.', 그런 생각을 한 거죠.

상담사: 싸우다가 죽일 수도 있겠다는 생각 때문에 아예 그 상황을 떠나 버리자 하신 거네요. 왜죠?

민수 아버지: 이미 경찰도 집에 오고 응급실도 가 보고 했잖아요. 그때 아내가 이혼하자고 강력하게 나왔고⋯⋯. 그건 정말 제가 원하는 게 아니거든요.

상담사: 내가 정말 원하는 것이 이혼은 아니기 때문에 절망적인 순간은 벗어나려고 하신 선택이란 거죠.

민수 아버지: 그렇죠. 이혼은 싫으니까. 피하면 좀 괜찮아지잖아요. 스스로 화 안 냈다는 것에 만족스럽기도 하고⋯⋯.

상담사: 극단적인 순간에 이혼을 원치 않기 때문에 차에서 내려 걸어간 아버님의 행동은 무엇을 중요하게 여긴 행동일까요?

민수 아버지: 음⋯⋯ 그래도 끝까지 가고 싶지 않다는 일말의 희망? 우리 가정을 지키고 싶다는 생각이요.

상담사: 아버님의 행동은 끝까지 가진 않고 가정을 지키고 싶다는 생각에서 하신 선택의 행동이시네요. 이 행동에 이름을 붙인다면 뭐라고 붙이고 싶으세요?

민수 아버지: 글쎄⋯⋯ 지금 떠오르는 것은 주춧돌이요. 제가 저번에 불도저 얘기했으니까요. 새롭게 건물을 지으려면 주춧돌이 중요하

잖아요.

상담사: 그래요, 주춧돌이요. 새롭게 건물을 지으려면 주춧돌이 중요하죠.
주춧돌이 새 건물을 위해 잘 존재하려면 무엇들이 필요할까요?

민수 아버지: 노력해야죠. 좀 가족들에게 덜 관심 갖도록…… 너무 관심
가져서 문제가 되었으니까요. 관심 덜 가지면 오히려 저한테 관
심 갖지 않을까요? (웃음)

민수 아버지는 자신의 표현 속에서 '부재하지만 암시적인'absent
but implicit 주제를 찾아갔다. 극한 상황을 피하려고 차에서 내렸다는
독특한 결과의 중요성은 다른 정체성의 스토리를 풍부하게 기술
하도록 돕는다. 이런 예외적 상황이나 독특한 결과에 대해 다시
외재화 작업을 하면 삶의 다른 영역을 발견하는 데 도움이 된
다. 이는 세상 속에서 살아가는 다양한 방식을 개발하는 부분에 속한
다. 민수 아버지는 주춧돌이라는 은유를 통해 자신이 앞으로 선
택해야 하는 행동 목록까지 발견할 수 있었다. 이 이후에도 민수
아버지는 주춧돌을 위한 수많은 행동을 시도한 바 있다. 옛 가족
이나 고향을 찾아가 자신에 대한 칭찬의 이야기를 찾아온다든지
가족을 떠나 혼자 취미 활동을 하면서 가족에게서 분리되고 벗어
나는 행동도 시도하였다. 또한 직장에서도 민수 아버지는 딱딱하
게 대하던 태도를 바꾸어 남의 이야기를 들어주는 역할도 시도할

수 있었다.

이처럼 문제의 이야기 이면에는 자신이 더 중요하게 여기는 가치와 일치하는 역사가 존재한다. 단지 여태까지 자신이 중요하게 여기는 가치를 표할할 기회가 없었을 뿐이다. 이런 정체성과 관련된 대안적인 이야기는 학대를 벗어난 새로운 재저작 대화를 이끌어 준다. 이런 재저작 대화들의 범주 안에는 '존중, 인정, 가정을 지키고자 하는 마음, 목표 의식이 뚜렷한 사람' 등과 같은 주제와 의미가 다뤄질 수 있고, 이를 통해 단순히 단어를 인지하는 것을 넘어 내담자들의 삶의 원리나 개념이 될 수 있게 확장한다. 이런 단어의 개념 발달은 행동을 낳고 새로운 정체성 영역의 기초를 제공한다. 그리고 결정적으로 학대적이거나 착취적이지 않으면서 다른 사람과 관계 맺기를 시도할 수 있게 된다.

'오래 기억하며' 살기 위한 길: 새롭게 기억의 창고를 채우자

폭력이라는 문제를 외재화하고 결과를 살핀 후 자신의 삶에 대해 차근차근 점검하기 시작하면 자신의 진정한 삶의 의도와 가치를 발견할 수 있다. 결국은 자신의 정체성 이야기를 새롭게 구성할 때 '지배와 통제'라는 문화를 벗어나 돌봄과 양육의 원리를 다

룰 수 있다. 문제의 상황을 벗어나는 시점부터 내담자들은 새롭게 자신의 기억의 창고를 채워갈 수 있는 것이다. 이 기억의 창고를 오래 보존하고, 잊지 않으며 살 수 있게 돕는 방법은 무엇일까?

'핑크 돌고래 생각하지 마.'라는 명령을 듣는 순간 우리의 머릿속에 핑크 돌고래가 떠오르는 것처럼 우리는 시각적인 존재다. 시각적인 것들로 기억을 연결하고 보존하려는 일련의 노력들이 쌓여서 기억의 창고를 보존시킬 수 있게 돕는다. 좌뇌와 우뇌의 연결로 언어적인 것만이 아닌 시각적인 것이나 정서적인 것으로 통합 연결할 때 우리의 기억 저장고는 견고해지고 장기기억으로 보존되기 쉽다. 따라서 내담자들의 새로운 기억 이야기들을 오래 보존할 수 있도록 돕는 것이 중요하다. 오래 보존되어야 쉽게 기억되고, 쉽게 기억할 수 있어야 자신의 삶을 지배할 수 있는 여지가 커진다. 앞으로 소개할 아동학대 가정을 위한 프로그램에서 진행하는 활동들은 시각적인 작업과 몸으로 움직이는 활동으로 이루어져 있다. 그렇게 진행하는 주된 이유가 바로 기억해야 할 이야기들을 오래 기억할 수 있도록 돕기 위한 매개체들을 활용하기 위해서다.

또 한 가지 풍성한 삶의 이야기를 발달시킬 수 있도록 돕는 방법은 치료적 문서다. 치료적 문서는 풍부한 대안적 이야기를 형성하고, 그것은 장기기억 안에 담아 두게 하는 데 중요한 역할을 한다. 다음에 제시한 치료적 문서는 직장 후배들에게 폭언과 폭력을 가했던 폭력의 행위자였던 강호석가명 씨의 인터뷰 가운데 정체성 이야기를 어록처럼 문서화한 것이다. 이 문서를 통해 볼 수 있듯이 자신이 가치 있게 여기는 정체성 이야기를 찾고 표현하면서 강호석 씨는 자신의 행위를 벗어나 책임질 수 있었고, 직업 정신을 존중할 줄 알게 되었다. 폭언과 폭행을 하는 사람이라는 문제 중심 이야기를 벗어나 '일을 잘 해내고 싶은 욕구' 때문에 폭언과 폭행을 할 수밖에 없었던 진실을 발견할 수 있었던 것이다.

또한 '사람 관계를 중시하고 사람을 잘 관리할 줄 아는 영업 능력'을 함께 발견하면서 앞으로 자신이 덕장덕있는 장수으로서, 리더로서의 삶을 살기 위해 어떤 가치를 지키며 어떻게 대처해야 하는지를 계획할 수 있었다. 또한 스스로 자신의 위치를 결정하고 행동의 방향성을 결정할 수 있었다. 강호석 씨는 자신이 초심을 잃을 때 다시 이 어록집을 들여다보며 마음을 다잡겠다고 결심했다. 여기서 문서의 일부인 '어록집'을 제시하는 것은 장기간의 효과적인 작업의 예시가 아니라 상담 과정에서 드러난 가능성을 잘 표현했기 때문이다. 이 문서에는 인생의 영역과 이야기들을 더 풍부하게 묘사할 수 있는 재저작 과정이 담겨 있고 또한 강호석 씨의 정체성 이야기다. 정체성 이야기가 담긴 치료적 문서는 강호석 씨의 미래 행동 방향성을 제시할 수 있는 로드맵으로 활용될 가능성이 높다.

[강호석 씨 어록집]

나는 일단 일을 하면 열심히 하는 사람이다.

은혜는 꼭 갚아야 한다.

'잘 되어야 한다.'는 책임감을 갖고 있다.

두 번 일하는 것이 싫어서 꼼꼼하게 일을 해내는 사람이다.

관계를 중요하게 생각하고 관리할 줄 아는 사람이다.

'나 자체도 하나의 회사다.'라는 마인드를 갖고 있다.

아래 직원들의 특공 훈련을 잘하는 사람이다.

사람을 읽을 줄 안다. 그리고 그에 맞게 전략을 짠다.

사람을 배려한다.

진심이 통하는 영업을 할 줄 안다.

아동학대 가족을 위한 가족놀이치료 프로그램: 다이아몬드 가족 프로그램

{ 다이아몬드 가족 프로그램 }

다이아몬드 가족 프로그램에서의 '다이아몬드'가 가진 함의는 다음과 같다. 첫째, 'diAmond'에 'aid돕다'라는 단어가 내포되어 있듯이 가족 구성원들이 '스스로를 도울 수 있게 돕는다'는 의미가 담겨 있다. 둘째, 다이아몬드의 흠이 그 다이아몬드를 가장 빛나게 하는 것처럼 흠이 있는 가족도 그들만의 결정체를 완성할 수 있다는 잠재력을 내포한 내러티브 은유다.

다이아몬드의 결정 물질들은 완전하지 않고 규칙성을 깨뜨리는 결함이나 불순물이 섞여 있기 마련이다. 정육각형 결정crystal 원자들이 모여 만들어진 것이 다이아몬드다. 결정체 모양 때문에 인공으로 만드는 것이 매우 쉽다. 그런데 인공 다이아몬드는 공장에서만 쓰이고 사람들은 자연산만 귀한 보석으로 인정한다. 자연산 다이아몬드의 특성은 무엇인가? 공기와 압력에 의해 내부에 자연적으로 생긴 불순물과 흠이 자연산 다이아몬드가 실제로 빛을 받았을 때 가장 아름답게 빛나도록 만든다. 결국 다이아몬드를 가장 빛나게 하는 것은 내부에 존재하는 불순물과 흠인 것이다. 이 같은 이유로 아동학대 가족을 위한 가족놀이치료 프로그램을 내러티브적 은유로 '다이아몬드 가족 프로그램'이라고 이름 붙였다. 이 프로그램은 각 가정 안에는 불순물과 흠이 존재하지만 이것을 어떻게 재구성하여 빛나는 다이아몬드로 가꾸어 나갈 것인지 희망을 가지고 가족에게 통합적으로 접근하는 것에 목적을 둔다.

다이아몬드diAmond 가족 프로그램의 목표는 다음과 같다. 첫째, 다이아몬드의 귀한 속성이 결정체 안의 불순물에 있음을 안다. 둘째, 다이아몬드와 같은 귀한 보석을 찾아 나서는 '가족 보물찾기'다. 셋째, 가족은 서로 안에 이미 존재했던 다이아몬드를 하나씩 발견한다. 넷째, 찾은 다이아몬드를 어떻게 세공하여 보관할 것인지 우리 가족만의 이야기를 만든다.

여기서는 한스카운셀링센터에서 실시한 2일간의 캠프를 토대로 놀이를 활용한 개입 방법을 소개하고자 한다. 이 프로그램은 가족 전체를 위한 프로그램이기도 하지만 가족 구성원별로 나누어 접근할 수도 있다.

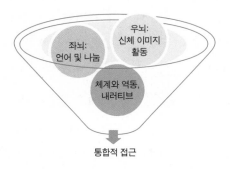

[한스 다이아몬드 가족 프로그램 특징]

[다이아몬드 가족 프로그램 목표]

1. 가족 간의 공통된 즐거운 경험을 제공하여 구성원 간의 결속력을 강화한다.

2. 가족에게 특별한 활동 경험을 제공하여 가족의 중요성을 인식시킨다.

3. 가족이 긍정적이고 소중한 기억을 경험하고 공유한다.

4. 자신의 감정을 지배하는 뇌의 영향력을 배운다.

5. 외재화를 통해 우리 가족이 보석 안에 지니고 있는 불순물을 발견한다.

6. 보석의 세공 작업을 통해 우리 가족의 보석을 지켜 나갈 방법을 찾는다.

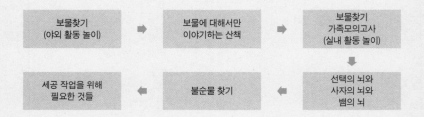

[다이아몬드 가족 프로그램 I]

1. 보물찾기: 곳곳에 숨겨진 보물을 찾는다.

- 보물의 내용: 가족의 보물 목록 만들기

  예) "아이의 얼굴 가운데 가장 뛰어난 곳"
  　　"우리 가족의 가장 행복했던 순간"
  　　"꽝"
  　　"내가 제일 잘하는 것"

- 미션

  우리 가족 각자가 가지고 있는 가장 귀한 보물을 찾아보세요. 그 보물을 찾을 수 있는 방법들과 길을 찾아 보물 지도를 형상화해서 콜라주 기법으로 보물 지도를 만들어 보세요. 이 보물 지도를 만들 때 가장 중요한 것은, 첫째, 우리 가족의 눈에 보이는 혹은 눈에 전혀 보이지 않는 보물을 찾는 것, 둘째, 아직은 다 찾지 못한 그 보물을 위해서 우리가 가야 할 방법과 길을 시각화하는 것입니다.

2. 보물에 대해서만 이야기하는 산책: 다른 이야기는 하지 말기

- 30분 동안 가족끼리 산책을 한 후에 보물 지도를 계획한다. 보물 지도를 만들 수 있는 보물을 찾은 다음 우리 가족의 보물 목록을 적고 보물 지도를 만든다.
- 콜라주 기법 준비물: 도화지, 잡지, 풀, 가위, 색연필, 각종 사진, 폴라로이드 카메라
- 보물 상자 만들기(나무로 만들어진 빈 상자를 꾸미기): 보물 상자 안에 각자의 보물을 적은 것을 넣는다. 이후의 활동을 하면서 그 안에 불순물도 넣을 수 있다.

3. 가족 모의고사 보기

- 아이들을 인터뷰하고 그 내용을 토대로 시험 문제를 만든다.
- 엄마와 아빠는 각자 문제를 풀고 점수를 합산한다. 점수가 가장 높은 가족에게 상을 주고 기념사진을 찍는다.
- 각자 오늘 하루를 나누고 가장 '빛나는 순간'을 찾는다.

4. 보물찾기 프로그램을 마무리하면서 가장 빛나는 순간 찾기

보물찾기

프로그램은 신체 활동과 언어 활동 그리고 예술 활동이 섞여 있어서 지루하거나 힘들어하지 않을 수 있도록 조합한다. 제일 처음 다이아몬드라는 은유에 맞게 보물이라는 주제로 일관되게 시작한다. 먼저 가족이 함께 보물찾기 활동을 한다. 장소 곳곳에 숨겨진 보물들을 찾으며 재미를 느낄 수 있다신체 활동. 그다음은 가족의 보물을 찾는 활동을 한다언어 활동. 가족의 보물 목록을 작성하는 것이다. "미션입니다. 우리 가족 각자가 가지고 있는 가장 귀한 보물을 찾아보세요." "우리 아이의 얼굴 가운데 가장 뛰어난 부분은 무엇인가요?" "우리 가족이 가장 행복했던 순간은 언제인가요?" "내가 제일 잘하는 것은 무엇인가요?"라고 다양한 지시어를 제공할 수 있다.

보물에 대해서만 이야기하는 산책: 다른 이야기는 하지 말기

보물 지도를 만들 수 있는 보물을 찾은 다음 가족이 함께 산책을 한다. 산책을 한 후에 보물 지도를 계획하게 된다. 가족 산책은 여유롭게 걸으며 안정적인 뇌파를 경험할 수 있게 돕는다. 그런 후에 보물을 찾을 수 있는 방법과 길을 찾아 보물 지도를 형상화해서 콜라주 기법으로 보물 지도를 만든다예술 활동. 이처럼 신체활동과 언어 활동 그리고 예술 활동을 함께 사용해 가족과 자신이 갖고 있는 보물들을 형상화하고 오래 기억할 수 있도록 돕는다.

보물 지도를 만들 때 가장 중요한 것은, 첫째, 우리 가족의 눈에 보이는 혹은 눈에 전혀 보이지 않는 보물들을 잘 찾는 작업이 우선되어야 한다. 보물들을 찾고 나면 보물 상자에 담는다. 보물 상자 만들기는 나무로 만들어진 빈 나무 상자를 가족이 함께 꾸미는 작업으로 이루어진다. 가족 각자의 보물을 보석 모양의 종이에 적은 후 보물 상자 안에 넣는다. 추후에 불순물을 발견하면 불순물 또한 보물 상자 안에 넣을 것이다. 둘째, 아직은 다 찾지 못한 그 보물을 위해서 우리가 가야 할 방법과 길을 시각화하는 것이 중요하다. 이것은 보물 지도를 가지고 보물을 찾아가는 과정, 보물찾기를 위한 로드맵이 된다. 준비물로는 도화지, 잡지, 풀, 가위, 색연필, 각종 사진과 폴라로이드 카메라가 필요하다.

가족 모의고사 보기

가족 모의고사는 부모가 자녀에 대해 잘 이해하고 있는지에 대해 시험을 보는 것이다. 자신이 많이 알고 있다고 생각했던 가족 구성원에 대해 새롭게 발견할 수 있는 시간이 된다. 먼저 아이들을 인터뷰한 후 그 내용을 토대로 시험 문제를 만든다. '내가 가장 좋아하는 놀이, 내가 가장 좋아하는 TV 프로그램, 내가 좋아하는 과자, 엄마가 만든 음식 중 가장 좋아하는 것, 부모님한테 가장 받고 싶은 것, 좋아하는 장난감, 내가 가장 행복할 때' 등 자녀들의 선호와 정서가 드러나는 질문들로 만든 시험지로 엄마, 아빠를 포함한 양육자들이 필기시험을 본다. 양육자가 푼 시험 문제를 채점하고 각 점수를 합산한다. 점수가 가장 높은 가족에게 상을 주고 기념사진을 찍는다. 물론 점수가 높은 것만 의미 있는 것은 아니다. 가족들은 이 활동을 통해 가족이라도 서로 생각하는 것이 제각각 다를 수 있다는 것을 경험할 수 있다. 이런 언어 활동을 하고 난 후, 가족 장기자랑 같은 활동을 하여_{신체 및 예술 활동} 정서를 이완하고 단합하는 시간을 갖는다.

보물찾기 프로그램을 마무리하면서 가장 빛나는 순간 찾기

프로그램을 마무리할 때 가장 중요한 것은 각자 경험한 활동 속에서 의미를 만드는 과정이다. 단순히 활동과 프로그램에 참여하고 가족이 돌아가기보다는 오늘 했던 활동들 가운데 자신의 마음 속에 가장 사진 찍어 두고 싶은 순간에 대해 이야기하는 과정이 중요하다. 프로그램의 초반임에도 참석했던 가족들은 각자 경험 했던 의미 있는 순간을 이야기한다. 예로, 가족 모의고사가 기억에 남는다고 했던 아버지는 "내가 아이에 대해 모르고 있던 부분이 많다는 점을 발견하고 놀랐어요. 나는 내 방식대로 아이를 봤던 것 같아요."라고 말하였다. 아이들은 가족과 함께 보물찾기를 하거나 보물 지도를 만드는 등의 활동에서 재미를 느꼈고 부모가 자신과 함께 만들고 있다는 사실이 좋다고 표현했다. 사실 가족에게 어떤 활동을 하느냐는 중요하지 않을 수도 있다. 단지 함께 모여 서로를 바라보고 무언가를 함께 공유하며 작업하는 동안 추억을 만들 수 있다는 것 자체로 의미가 있기 때문이다.

가족에게 의미를 잘 남기기 위해서 프로그램 진행자들은 활동 그 자체에 머물지 않아야 한다. 활동을 통해 가족들이 경험한 것에 대해 이야기를 나누고 상담사와 재진술하는 과정을 반복하는 것이 바람직하다. 대화 과정을 세밀하게 기록하여 문서화한 후에 그것을 가족에게 돌려주는 것이 이 프로그램의 핵심이다. 예를 들어, 상담사는 "오늘의 나눔 가운데 인상 깊었던 것은 부모님들이 자녀와 함께 놀이도 하고 산책도 하는 시간을 가지면서 '아이의 살 냄새를 맡아서 좋았다.'고 말씀하신 것이에요."라고 언급

함으로써 과정을 공유하는 것이다. 상담사는 산책 미션으로 '우리 가족만을 상징하는 가족의 이미지를 몸이 떨어지지 않게 연결시켜서 조각해 오기'를 주었다. 가족들은 산책을 하면서 함께 의논하여 가족의 이미지를 어떻게 표현할지 구상해 온 후 무대 위에 올라가 가족별로 자신들만의 가족 이미지를 조각하였다. 이때 가족들은 몸을 떨어트리지 않고 연결시키는 조각을 이미지화하기 위해 서로 자연스럽게 붙게 되었고, 그런 과정에서 웃을 수밖에 없는 상황이 연출되기도 한다. 또한 언어 작업 속에서 가족이 함께 의견을 나누고, 이미지 작업을 함께 만들고, 신체 활동을 함께 경험하면서 '함께'라는 말을 실감했다고 고백하기도 한다.

[다이아몬드 가족 프로그램 II]

1. 선택의 뇌와 사자의 뇌 그리고 뱀의 뇌
   - 뇌 체조: 신체와 뇌의 안정을 위한 체조하기
   - 불순물을 찾기 전 자신의 뇌 안을 들여다보기(Bright Brain Buddy)
   - 뇌에 대해 배우기(동물의 이미지를 통한 뇌 학습)
   - 자신의 뇌 그림 그리기: 난 감정과 생각을 어떻게 표현하고 통합하는 사람인가?
   - 가족끼리 비교해 보기
     - 일반적으로 부모의 뇌 상태를 자녀들이 닮는다.
     - 나는 나의 파충류 상태의 뱀의 뇌를 어떻게 다스리는가?
   - 영상 보기와 게임하기

2. 불순물 찾기: 엄마, 아빠, 아이들 따로 작업한 후 다시 모이기
   - 엄마 팀, 아빠 팀, 아이들 팀으로 나누어 팀별로 작업하기: 자신의 보물 안에 포함된 불순물을 찾아본다(외재화).
   - 불순물의 영향력을 탐색한다(지배와 통제의 문화).
   - 이것을 어떻게 빛나게 할 수 있는지에 대한 대안적인 이야기로 만들어 간다.

3. 세공 작업에 필요한 것: 독특한 재료, 독특한 디자인, 정성 어린(반복과 훈련) 세공 작업
   - 러브 버그: 의사소통의 차이를 경험하는 게임
   - 불순물 찾기: 우리 가족을 빛나게 하는 자연적인 흠과 불순물에는 무엇이 있을까?

4. 세공 작업 시작하기
  • 함께 이야기하고 적어 보고, 그것을 이미지화하여 만들어 보기(이미지를 보물 상
    자 안에 넣기)

5. 보물 상자를 탐내는 해적선
  • 보물 상자를 본 느낌과 왜 이 보물 상자가 특별한지에 대한 이유를 찾기
  • 공동의 적을 만들기 위해 이 보물을 찾으러 떠나는 여행에서 만날 수 있는 해적선
    에 대해서 이야기 나누기: 우리 가족이 만날 해적은 어떤 해적인가?

6. 작업 과정 중에 가장 빛나는 순간 찾기

선택의 뇌와 사자의 뇌 그리고 뱀의 뇌

초반부는 자신이 갖고 있는 보물과 자원을 찾는 작업이었다면, 중반부는 자신이 갖고 있는 문제나 어려움 같은 불순물을 다루는 시간이다. 불순물을 찾은 후 이것을 다루고 나면 이 불순물을 가지고 우리를 가장 빛나게 할 수 있는 방법을 토론한다. 최종적으로 이 불순물들을 포함하여 우리의 보석을 어떻게 세공할지 결정한다. 불순물을 찾기 위한 과정의 워밍업으로 가족들은 뇌에 대해 이해하는 시간을 갖는다.

먼저, 뇌 체조를 한다. 신체와 뇌의 안정을 위한 체조하기 시간으로 눈을 감고 음악을 들으면서 호흡한다. 들숨과 날숨으로 안

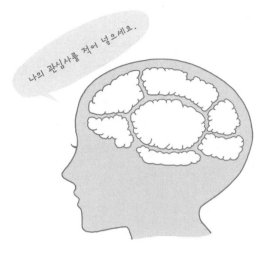

[뇌 그림 그리기]

정적인 호흡을 반복하면서 심리적으로 안정되고 집중할 수 있다. 그리고 자신을 받아들일 수 있고 느낄 수 있는 여지가 생긴다.

다음으로 뇌 그림을 그린다. 불순물을 찾기 전에 가족들은 자신의 뇌 안을 들여다보는 작업을 한다. 일단 재미로 뇌 그림 그리기를 하면서 요즘 자신의 관심사와 선호 등을 뇌 그림에 적어 보도록 한다. 자신의 뇌 그림을 나누며 자신이 생각하고 느끼고 행동하게 하는 근원지가 뇌의 활동에 있음을 체험한다. 또한 각자의 뇌 그림을 가족끼리 비교해 보는 시간을 갖는다. 보통은 자녀들이 부모의 뇌 상태에 영향을 받고 닮는다. 예로, 한 아버지가 뇌 그림에 '술 끊기'라는 것을 썼고 아들은 '카드 모으기'라고 썼다. 실제로 아버지는 술로 가정에서 많은 문제를 일으키고 있었고 아들 또한 카드를 사는 것에 집착하고 있었음이 드러났다. 이 처럼 부모의 중독 성향이 자녀에게도 영향을 주어 부모와 자녀 모두 중독 성향을 드러낸다. 그러나 이때 주의해야 할 점은 부모의 뇌가 자녀의 뇌에 영향을 미칠 뿐 아니라 자녀의 뇌 또한 부모의 뇌에 영향을 미칠 수 있는 순환 구조를 가지므로 어느 한쪽에 죄책감을 심어 주는 과정이 되지 않도록 해야 한다.

마지막으로, 은유적으로 동물의 이미지를 통해 뇌에 대해 학습한다. 뇌에 대해 이해하는 것은 자신의 정서와 사고를 통합하기 위함이며, 이 작업은 트라우마를 경험한 가족원들에게도 필요할 뿐 아니라 자신의 정서를 잘 통제하기 어려운 가족이 스스로 통제하는 방법을 배우는 데 도움이 되는 과정이다. 뇌에 대한 이야기를 하면 가족들이 지루해 할 것 같으나 의외로 신선함을 경험한다. 그리고 이 교육을 통해 자신의 뇌 상태를 이해할 수 있다. 특히 이 같은 은유 작업은 부정적인 감정을 완화시키는 데 도움이 된다. 또는 아이가 아빠의 행동이 과격해질 때 "아빠의 뇌는 지금 뱀이에요."라고 소리치겠다고 말하여, 자신의 뇌 상태가 행동과 연결된다는 것을 이해하기도 한다. 다음의 내용은 가족에게 전달할 수 있는 뇌에 대한 정보다. 뇌에 대한 이야기는 최대한 재미있고 어렵지 않게 접근하는 것이 중요하지만, 명칭은 그대로 사용하는 것이 적합하다.

우리의 뇌는 세 종류로 구성되어 있다. 뱀의 뇌, 사자의 뇌, 선택의 뇌다. 뱀의 뇌는 파충류의 뇌이고 사자의 뇌는 포유류의 뇌이며 선택의 뇌는 영장류의 뇌에 해당한다.

- 파충류의 뇌는 생존의 뇌이며 뇌간에 해당한다.
- 포유류의 뇌는 감정의 뇌이며 변연계에 해당한다.
- 영장류의 뇌는 이성의 뇌이며 대뇌피질에 해당한다.

우리가 만약 위험을 맞닥뜨리면 주도권은 파충류가 갖게 된다. 맥박이 빨라지고 피가 대량 대근육으로 움직이면서 싸우거나 도망가게 돕는다. 스트레스를 받으면 소화가 안 되는 것도 위험에 처했다고 생각한 뇌가 많은 양의 피를 소화기관 대신 다른 대근육에 집중하기 때문이다. 간혹 흥분하거나 화가 난 사람은 이성의 뇌가 작동하지 않고 생존의 뇌, 즉 파충류의 뇌가 활성화된 것을 알 수 있다. 다른 사람이 파충류의 뇌일 때 중요한 대처는 영장류의 뇌를 대하듯 해서는 안 된다는 점이다. '그렇게 화내면 안 되지. 왜 그렇게 흥분하고 그래.'와 같은 문장은 영장류의 뇌, 즉 상대방의 이성에 호소하는 말이다. 더구나 파충류의 뇌는 방어적이기 때문에 감정이 안정될 때까지 기다려 주는 것이 필요하다. 상대는 현재 파충류의 뇌 상태에 있기 때문에 파충류의 뇌가 영장류의 뇌가 하는 말을 알아들을 수 없다. 감정이 해소되어 포유류와 영장류의 뇌로 되돌아올 수 있게 하는 것이 필요하다. 파충류의 뇌에게 말을 거는 방법은 "당신 지금 화났군요. 실망했군요. 좌절했겠네요." 등으로 감정을 읽어 주어 스스로 자신의 감정을 자각할 수 있게 도와주는 것이다. 이런 말이 아니라면 섣불리 말을 걸지 않는 것이 서로에게 좋다.

출처: Goulston(2010) 참조.

불순물 찾기: 엄마, 아빠, 아이들 따로 작업한 후 다시 모이기

우리 가족을 빛나게 할 수 있는 자연적인 흠과 불순물에는 무엇이 있을까? 이 시간에는 각자가 가지고 있는 불순물을 인식하고 이해하는 것이 필요하다. 따라서 함께 공유할 수 있는 이야기들이 개별적이고 다른 만큼 자녀들과 양육자, 엄마나 아빠의 팀으로 나누어서 작업한다. 목표는 자신의 보물 안에 숨겨진 불순물, 즉 문제나 흠을 찾는 것이다. 이때, 불순물을 또 다른 사물로 외재화하면 가족들이 인식하기 쉽다. 그런 후 그 불순물이 자신의 삶에 미치는 영향을 탐색한다. 상담사는 외재화의 해체를 시도하면서 최종적으로 불순물을 포함하고 있는 보석을 가장 빛나게 할 수 있는 대안적인 이야기들을 이끌어 내는 것에 초점을 둔다.

세공 작업에 필요한 것: 독특한 재료, 독특한 디자인, 정성 어린(반복과 훈련) 세공 작업

'러브 버그love bug'란 의사소통 게임이다. 가족이 서로 자신의 입장에서 말을 하는 것이 어떤 것이며 자신이 다른 사람의 말을 얼마나 자기중심적으로 듣는지를 발견할 수 있는 활동이다. 각 가족에서 부모 중 한 명을 선택한다. 선택된 사람은 종이에 그려진 그림을 혼자 본다. 그림을 본 사람은 가족들에게 그 그림에 대해 말로만 설명해서 가족들이 그릴 수 있도록 한다.

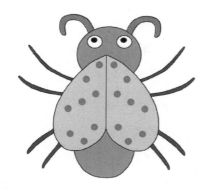

　준비물은 가족 구성원들이 그림을 그릴 수 있는 종이와 색연필, 부모가 보고 설명할 그림_{그림 안에는 점무늬가 있는 날 수 있는 벌레가 그려져 있다. 사실 그림이 무엇이냐가 중요한 것은 아니다.}이 필요하다. 이 작업을 할 때 먼저 부모가 그림을 설명한다. 나머지 가족은 질문 없이 설명만 듣고 그림을 그린다. 가족들은 서로 설명만 듣고 그림을 그릴 뿐 아니라 서로의 그림을 볼 수 없기 때문에 자신의 생각에만 의존하여 그리게 된다. 이 작업을 하다 보면 말하는 사람은 타인의 입장에서 이해할 수 있게 그림을 설명하는 것 자체가 어렵다는 것을 경험한다. 그리고 듣는 사람 또한 그림을 보지 않고 말하는 사람의 설명을 이해하고 똑같이 그리는 것이 어렵다는 것을 경험한다. 이 작업을 하고 나면 가족들은 자신이 다른 사람의 말을 얼마나 자기 방식대로 이해하고 받아들이는지 경험한다. 이처럼 의사소통은 일방적이지 않고 상호적이어서 교류하며 조율하는 것이 중요하다.

세공 작업 시작하기

불순물도 찾고 함께 작업하기 위한 의사소통에 대해서도 경험을 한 가족들은 세공 작업을 준비하게 된다. 지금까지 그룹을 나눠 각자 찾았던 '우리 가족을 빛나게 할 수 있는 자연적인 흠과 불순물'에 대해 가족끼리 모여 공유하고 함께 이야기를 나누는 시간을 갖는다. 그런 후 이것을 이미지화하여 함께 찰흙으로 만든다예술 활동. 찰흙을 손으로 만지고 만드는 과정은 긴장을 완화시켜 주는 좋은 방법이다. 그리고 자신의 불순물이라 표현한 것예를 들어, 게으름, 분노, 대화가 안 되는 것, 혼자 있고 싶은 마음, 가시나무 새(내 속엔 내가 너무 많아), 내가 늘 중요했다, 술 거절하지 못하는 것, 기억력의 급격한 감퇴 등을 이미지화해서 만드는 것 또한 융통성 있고 창의적인 사고를 촉진한다. 이렇게 이미지화해서 찰흙으로 만든 것은 보물 상자 안에 자신의 보물과 함께 넣는다.

보물 상자를 만들고 나면 보물 상자를 본 느낌을 나누며, "왜 이 보물 상자가 우리 가족에게 특별할까?"의 이유를 찾는다. 가족들은 대부분 이 보물 상자가 우리 가족을 나타내 주고, 우리 가족만의 독특한 보물 상자이기 때문에 소중하다고 말할 것이다. 때로는 우리가 이 보물 상자를 지키기 위해 집 한가운데 놓아 언제든 볼 수 있게 하고 싶다고 말하는 가족도 있다. 가족들은 언제든 보물 상자를 보면서 우리 가족이 소중하다는 것을 잊고 싶지 않다고 언급한다.

보물 상자를 탐내는 해적선

보물 상자를 탐내는 해적선은 가족이 보물을 지킬 수 있는 대처 방안을 찾는 과정이다. 보물만 발견하는 것은 의미가 없다. 보물을 잘 지키고 소중하게 간직하는 것 또한 가족이 해야 하는 중요한 책임과 의무일 수 있기 때문이다. 따라서 보물을 호시탐탐 노리는 해적으로부터 보물을 지키기 위해 어떤 대처를 해야 할지 의논한다. 제일 먼저 우리 가족의 보물을 탐할 수 있는 해적은 누구인지부터 살펴보는 것이 중요하다. 가족이 함께 공동의 적을 발견하는 것은 가족이 더 단합하고 화합할 수 있게 돕는다. 이것은 보통 외부의 적을 막고 대항하기 위해 내란이 줄어드는 이치와 흡사하다. "우리 가족의 보물을 탐내는 해적은 어떤 해적인가?

우리 보물을 탐하는 해적선을 만난다면 어떻게 싸워야 하는가? 우리 가족이 해적과 싸워 이길 수 있는 방법은 무엇이 있는가? 무엇을 활용해야 하는가?" 의외로 이 질문들에 대해 가장 창의적인 대답을 할 수 있는 가족 구성원은 자녀들이다. 유연한 사고를 할 수 있는 자녀들은 다양한 아이디어를 낼 것이고, 때로는 그 아이디어가 황당하고 현실성이 없어 보인다 해도 격려받을 필요가 있다. 왜냐하면 엉뚱한 아이디어를 냈을 때 수용받아야 실제로 해적을 만나더라도 대응할 수 있는 자신감이 생기기 때문이다.

가족들은 해적선에 대한 이야기를 하면서 프로그램에 참여한 다른 가족들의 도움에 대해 이야기를 나눌 수 있다. 자신의 가족이 보물을 잘 지키며 살 수 있으려면 이 프로그램에 함께 참여한 가족들이 서로에게 CCTV와 같은 역할을 해 주어서 어렵고 힘들 때 이 순간을 기억하게 돕고 지지해 줄 수 있을 것이라는 점을 강조하였다. 실제로 비슷한 경험을 공유하는 다른 가족의 지지체계는 이야기치료에서 말하는 회원 재구성이 될 수 있으며 가족이 자신들의 보물을 잘 지키며 살 수 있도록 협력하고 도와주는 증인의 역할을 해 줄 수 있다. 프로그램에 함께 참여하고 가족의 이야기를 공유하면서 새로운 공동체 의식이 형성될 수 있다.

작업 과정 중에 가장 빛나는 순간 찾기

프로그램을 마무리할 때 가장 중요한 것은 각자 경험한 활동 속에서 의미를 만드는 과정이다. 단순히 활동하는 것에 그치지 않고 그 활동 속에서 경험한 자신만의 의미를 발견하는 과정을 갖도록 한다. 다음은 프로그램에 참여했던 부모들이 직접 작성한 소감문의 일부를 발췌한 것이다.

"아이와 함께하는 인생의 첫 여행이었다." (민수네 가족)

"큰 결심을 하고 이곳에 왔다. 아이가 너무 좋아하는 모습을 보니까 좋다." (혜미네 가족)

"아이들 장기 자랑 시간에 부모님들이 너무 기뻐하는 모습을 볼 수 있었다. 마치 연예인들 포토존처럼 사진을 찍고 동영상을 찍고…… 잊지 못할 순간들이다." (세찬이네 가족)

"이런 순간들이 모여 행복이라는 목걸이를 만드는 것이 아닐까." (훈이네 가족)

"내 아이는 아니지만 아이가 나를 아버지라고 생각한다는 것을 알고 잘해 주고 싶다고 생각한다. 아이의 잘못된 행동과 모습을 고쳐 주고 싶고 그래서 자꾸 지적하게 되었던 것 같다." (연수네 가족)

"여기 와서 아이와 신체적 접촉이 늘었고 장난도 같이 많이 칠 수 있어서 좋았다." (수현이네 가족)

다이아몬드 가족 프로그램을 진행한 상담사 후기

다이아몬드 프로그램을 진행한 상담사의 후기를 간략하게 정리하였다. 프로그램을 진행하면서 상담사가 경험한 것을 일지 형태로 정리함으로써 캠프에서의 경험을 파악할 수 있다.

첫째 날에는 각 상담사를 간단히 소개하고 전체 프로그램에 대한 오리엔테이션을 진행하였다. 프로그램의 워밍업 단계로 가족에게 미리 내재되어 있는 보물이 있음을 상징하는 '보물 찾기'와 '보물 경매'를 하였는데, 각 가족원들의 참여도가 매우 높았으며 특히 아이들도 쉽게 참여할 수 있었던 시간이었다. 이후, 콜라주 기법으로 보물 지도를 형상화하였으며, 이를 이해하고 이미지화하기 위해 각 상담사가 각 가족 집단원의 특징에 맞게 개별적으로 설명하여 이해를 돕고자 하였다. 어린 아동이나 이미지 작업을 어려워하는 성인들은 단순히 어떤 지도를 그린다는 것에 의미를 두고 작업하기도 하였다. 프로그램 시간이 너무 길어져 지루해질 만한 시간에 각 가족이 산책하면서 사진을 찍어 오도록 하였으며, 이 사진은 둘째 날 마무리하는 시간의 영상 속에 담도록 하였다. 첫날 작업한 사진이나 작품 등은 각 가족이 꾸민 보물 상자 속에 넣어 보관하도록 하였으며, 이 보물 상자 속에는 이후의 작품과 사진들을 보관할 수 있도록 하였다. 이러한 자기 가족만의 보물 상자를 꾸미고 담는 것에 의미를 두고 작업을 하였다는 것에 의의가 있었다.

둘째 날, 워밍업으로 가족과 관련된 문제를 만들고 가족이 푸는 '각 가족원에 대한 가족 퀴즈' 시간으로 시작하였다. 이 작업을 통해 가족들은 '다른 가족 구성원이 어떤 것에 관심이 있고 좋아하는지' 등을 이해할 수 있어서 좋았다는 피드백을 하였다. 이후 프로그램에서는 '뱀의 뇌, 사자의 뇌, 선택의 뇌'라는 소주제로 나의 감정과 상대방의 감정을 들여다보며 '각 뇌의 감정'에 있을 때에 대처하는 방법에 대하여 이야기하는 시간을 가졌다. 이후 가족 산책에서 가족의 이미지를 떠올리는 소품이나 배경 등을 찍어 오도록 하였다. 산책 이후의 시간에 '엄마 팀, 아빠 팀, 아이들 팀'으로 나누어 각자의 영역에서 가족의 목표에 방해가 되는 것이 무엇이 있는지를 탐색하고 자신만의 대안적 이야기를 찾는 시간을 가졌으며, 이 시간은 각 상담사가 나누어 진행하였다. 가족 내 성인들은 이 시간이 자신의 삶에서 매우 의미 있는 시간이었으며, 이러한 시간을 좀 더 일찍 길게 나누었으면 좋겠다는 제안을 하기도 하였다. 각자의 작업이 끝난 이후, 다시 가족별로 모여 각 가정만의 대안적 이야기를 찾았으며, 가족 산책 시간에 찍은 이미지를 아이클레이로 형상화하는 작업을 진행하였다. 이 시간에 가족 모두 적극적으로 임하였고, 각자 만들고 싶은 것을 만들어 나누는 가족도 있었다. 이후 각 가족의 대표가 가족 보물 상자에 대한 소개와 자기 가족만의 보물 상자가 특별한 이유를 찾고 다른 가족이 그에 대한 피드백 및 반영을 해 주는 시간을 가졌으며, 이틀 동안의 작업하는 모습을 영상으로 만들어 감상한 후에 모든 프로그램을 마쳤다.

다이아몬드 프로그램은 보물과 흠, 불순물, 보물 지도, 해적과 같은 은유를 통해 가족 구성원들에게 자신의 자원을 발견하고 자원을 통해 보물을 지키도록 돕는 의미를 창출할 수 있게 돕는다.

학대라는 트라우마를 경험한 가족이라는 표면적 사실에 머무른 다면 아동학대 가족은 더 이상 희망이 없고 설 곳도 없다. 상담사들은 트라우마를 경험한 가족에게도 분명히 숨겨진 이야기들이 있다는 전제를 가져야 한다. 트라우마가 가족들의 삶의 후반이 아닌 전반의 이야기를 채웠다면, 이제부터는 이 프로그램을 통해 반전의 이야기를 다시 쓸 수 있도록 돕는 것이 필요하다. 사건은 과거 시점에서 일어났지만, 그 사건에 의미를 부여하고 우리만의 사연으로 만드는 것은 현재다. 그리고 현재는 미래에 영향을 미칠 수 있다. 새로운 의미가 이야기의 플롯이 되고, 그들이 자신의 과거를 어떻게 보느냐에 따라 모든 이야기는 동일하게 재저작되지 않기 때문이다.

「아동학대범죄의 처벌 등에 관한 특례법」 (약칭: 아동학대처벌법)

[시행 2018. 6. 20.] [법률 제15255호, 2017. 12. 19., 일부개정]

아래의 내용은 「아동학대범죄의 처벌 등에 관한 특례법」 중 일부 내용을 발췌하고 정리한 내용이다.

제1장 총칙

제2조(정의) 이법에서 사용하는 용어의 뜻은 다음과 같다.

1. "아동"이란 「아동복지법」 제3조제1호[1]에 따른 아동을 말한다.
2. "보호자"란 「아동복지법」 제3조제3호[2]에 따른 보호자를 말한다.

---

1) "아동"이란 18세 미만인 사람을 말한다.
2) "보호자"란 친권자, 후견인, 아동을 보호 · 양육 · 교육하거나 그러한 의무가 있는 자 또는 업무 · 고용 등의 관계로 사실상 아동을 보호 · 감독하는 자를 말한다.

3. "아동학대"란 「아동복지법」 제3조제7호[3]에 따른 아동학대를 말한다.

4. "아동학대범죄"란 보호자에 의한 아동학대로서 다음 각 목의 어느 하나에 해당하는 죄를 말한다.

　가. 「형법」 제2편제25장 상해와 폭행의 죄 중 제257조(상해)제1항·제3항, 제258조의2(특수상해)제1항(제257조제1항의 죄에만 해당한다)·제3항(제1항 중 제257조제1항의 죄에만 해당한다), 제260조(폭행)제1항, 제261조(특수폭행) 및 제262조(폭행치사상)(상해에 이르게 한 때에만 해당한다)의 죄

　나. 「형법」 제2편제28장 유기와 학대의 죄 중 제271조(유기)제1항, 제272조(영아유기), 제273조(학대)제1항, 제274조(아동혹사) 및 제275조(유기등 치사상)(상해에 이르게 한 때에만 해당한다)의 죄

　다. 「형법」 제2편제29장 체포와 감금의 죄 중 제276조(체포, 감금)제1항, 제277조(중체포, 중감금)제1항, 제278조(특수체포, 특수감금), 제280조(미수범) 및 제281조(체포·감금등의 치사상)(상해에 이르게 한 때에만 해당한다)의 죄

　라. 「형법」 제2편제30장 협박의 죄 중 제283조(협박)제1항, 제284조(특수협박) 및 제286조(미수범)의 죄

　마. 「형법」 제2편제31장 약취, 유인 및 인신매매의 죄 중 제287조(미성년자 약취, 유인), 제288조(추행 등 목적 약취, 유인 등), 제289조(인신매매) 및 제290조(약취, 유인, 매매, 이송 등 상해·치상)의 죄

　바. 「형법」 제2편제32장 강간과 추행의 죄 중 제297조(강간), 제297조의2(유사강간), 제298조(강제추행), 제299조(준강간, 준강제추행), 제

---

3) "아동학대"란 보호자를 포함한 성인이 아동의 건강 또는 복지를 해치거나 정상적 발달을 저해할 수 있는 신체적·정신적·성적 폭력이나 가혹행위를 하는 것과 아동의 보호자가 아동을 유기하거나 방임하는 것을 말한다.

300조(미수범), 제301조(강간등 상해ㆍ치상), 제301조의2(강간등 살인ㆍ치사), 제302조(미성년자등에 대한 간음), 제303조(업무상위력 등에 의한 간음) 및 제305조(미성년자에 대한 간음, 추행)의 죄

사. 「형법」 제2편제33장 명예에 관한 죄 중 제307조(명예훼손), 제309조 (출판물등에 의한 명예훼손) 및 제311조(모욕)의 죄

아. 「형법」 제2편제36장 주거침입의 죄 중 제321조(주거ㆍ신체 수색)의 죄

자. 「형법」 제2편제37장 권리행사를 방해하는 죄 중 제324조(강요) 및 제 324조의5(미수범)(제324조의 죄에만 해당한다)의 죄

차. 「형법」 제2편제39장 사기와 공갈의 죄 중 제350조(공갈), 제350조의 2(특수공갈) 및 제352조(미수범)(제350조, 제350조의2의 죄에만 해 당한다)의 죄

카. 「형법」 제2편제42장 손괴의 죄 중 제366조(재물손괴등)의 죄

타. 「아동복지법」 제71조제1항 각 호의 죄(제3호의 죄는 제외한다)

파. 가목부터 타목까지의 죄로서 다른 법률에 따라 가중처벌되는 죄

하. 제4조(아동학대치사), 제5조(아동학대중상해) 및 제6조(상습범)의 죄

4의2. "아동학대범죄신고등"이란 아동학대범죄에 관한 신고ㆍ진정ㆍ고소ㆍ고발 등 수사 단서의 제공, 진술 또는 증언이나 그 밖의 자료제출행위 및 범인검 거를 위한 제보 또는 검거활동을 말한다.

4의3. "아동학대범죄신고자등"이란 아동학대범죄신고 등을 한 자를 말한다.

5. "아동학대행위자"란 아동학대범죄를 범한 사람 및 그 공범을 말한다.

6. "피해아동"이란 아동학대범죄로 인하여 직접적으로 피해를 입은 아동을 말한다.

7. "아동보호사건"이란 아동학대범죄로 인하여 제36조제1항에 따른 보호처분 (이하 "보호처분"이라 한다)의 대상이 되는 사건을 말한다.

8. "피해아동보호명령사건"이란 아동학대범죄로 인하여 제47조에 따른 피해아

동보호명령의 대상이 되는 사건을 말한다.

9. "아동보호전문기관"이란 「아동복지법」 제45조에 따른 아동보호전문기관을 말한다.

9의2. "가정위탁지원센터"란 「아동복지법」 제48조에 따른 가정위탁지원센터를 말한다.

10. "아동복지시설"이란 「아동복지법」 제50조에 따라 설치된 시설을 말한다.

11. "아동복지시설의 종사자"란 아동복지시설에서 아동의 상담 · 지도 · 치료 · 양육, 그 밖에 아동의 복지에 관한 업무를 담당하는 사람을 말한다.

제2장 아동학대범죄의 처벌에 관한 특례

제4조(아동학대치사) 제2조제4호 가목부터 다목까지의 아동학대범죄를 범한 사람이 아동을 사망에 이르게 한 때에는 무기 또는 5년 이상의 징역에 처한다.

제5조(아동학대중상해) 제2조제4호 가목부터 다목까지의 아동학대범죄를 범한 사람이 아동의 생명에 대한 위험을 발생하게 하거나 불구 또는 난치의 질병에 이르게 한 때에는 3년 이상의 징역에 처한다.

제6조(상습범) 상습적으로 제2조제4호 가목부터 파목까지의 아동학대범죄를 범한 자는 그 죄에 정한 형의 2분의 1까지 가중한다. 다만, 다른 법률에 따라 상습범으로 가중처벌되는 경우에는 그러하지 아니하다.

아동학대자에 대한 자세한 처벌규정은 다음 표와 같다.

제4조(아동학대치사)	처벌
가. 「형법」 제2편제25장 상해와 폭행의 죄 중 제257조(상해)제1항·제3항, 제258조의2(특수상해)제1항(제257조제1항의 죄에만 해당한다)·제3항(제1항 중 제257조제1항의 죄에만 해당한다), 제260조(폭행)제1항, 제261조(특수폭행) 및 제262조(폭행치사상)(상해에 이르게 한 때에만 해당한다)의 죄 나. 「형법」 제2편제28장 유기와 학대의 죄 중 제271조(유기)제1항, 제272조(영아유기), 제273조(학대)제1항, 제274조(아동혹사) 및 제275조(유기등 치사상)(상해에 이르게 한 때에만 해당한다)의 죄 다. 「형법」 제2편제29장 체포와 감금의 죄 중 제276조(체포, 감금)제1항, 제277조(중체포, 중감금)제1항, 제278조(특수체포, 특수감금), 제280조(미수범) 및 제281조(체포·감금등의 치사상)(상해에 이르게 한 때에만 해당한다)의 죄를 범한 사람이 아동을 사망에 이르게 한 행위	아동을 사망에 이르게 한 때에는 무기 또는 5년 이상의 징역

제5조(아동학대중상해)	처벌
가. 「형법」 제2편제25장 상해와 폭행의 죄 중 제257조(상해)제1항 · 제3항, 제258조의2(특수상해)제1항(제257조제1항의 죄에만 해당한다) · 제3항(제1항 중 제257조제1항의 죄에만 해당한다), 제260조(폭행)제1항, 제261조(특수폭행) 및 제262조(폭행치사상)(상해에 이르게 한 때에만 해당한다)의 죄 나. 「형법」 제2편제28장 유기와 학대의 죄 중 제271조(유기)제1항, 제272조(영아유기), 제273조(학대)제1항, 제274조(아동혹사) 및 제275조(유기등 치사상)(상해에 이르게 한 때에만 해당한다)의 죄 다. 「형법」 제2편제29장 체포와 감금의 죄 중 제276조(체포, 감금)제1항, 제277조(중체포, 중감금)제1항, 제278조(특수체포, 특수감금), 제280조(미수범) 및 제281조(체포 · 감금등의 치사상)(상해에 이르게 한 때에만 해당한다)의 죄를 범한 사람이 아동의 생명에 대한 위험을 발생하게 하거나 불구 또는 난치의 질병에 이르게 한 행위	아동의 생명에 대한 위험을 발생하게 하거나 불구 또는 난치의 질병에 이르게 한 때에는 3년 이상의 징역

제6조(상습범)	처벌
가. 「형법」 제2편제25장 상해와 폭행의 죄 중 제257조(상해)제1항·제3항, 제258조의2(특수상해)제1항(제257조제1항의 죄에만 해당한다)·제3항(제1항 중 제257조제1항의 죄에만 해당한다), 제260조(폭행)제1항, 제261조(특수폭행) 및 제262조(폭행치사상)(상해에 이르게 한 때에만 해당한다)의 죄	그 죄에 정한 형의 2분의 1까지 가중한다. 다만, 다른 법률에 따라 상습범으로 가중처벌 되는 경우에는 그러하지 아니하다.
나. 「형법」 제2편제28장 유기와 학대의 죄 중 제271조(유기)제1항, 제272조(영아유기), 제273조(학대)제1항, 제274조(아동혹사) 및 제275조(유기등 치사상)(상해에 이르게 한 때에만 해당한다)의 죄	
다. 「형법」 제2편제29장 체포와 감금의 죄 중 제276조(체포, 감금)제1항, 제277조(중체포, 중감금)제1항, 제278조(특수체포, 특수감금), 제280조(미수범) 및 제281조(체포·감금등의 치사상)(상해에 이르게 한 때에만 해당한다)의 죄	
라. 「형법」 제2편제30장 협박의 죄 중 제283조(협박)제1항, 제284조(특수협박) 및 제286조(미수범)의 죄	
마. 「형법」 제2편제31장 약취, 유인 및 인신매매의 죄 중 제287조(미성년자 약취, 유인), 제288조(추행 등 목적 약취, 유인 등), 제289조(인신매매) 및 제290조(약취, 유인, 매매, 이송 등 상해·치상)의 죄	

바. 「형법」 제2편제32장 강간과 추행
의 죄 중 제297조(강간), 제297조의2(유
사강간), 제298조(강제추행), 제299조(준
강간, 준강제추행), 제300조(미수범), 제
301조(강간등 상해·치상), 제301조의
2(강간등 살인·치사), 제302조(미성년
자등에 대한 간음), 제303조(업무상위력
등에 의한 간음) 및 제305조(미성년자에
대한 간음, 추행)의 죄

사. 「형법」 제2편제33장 명예에 관한
죄 중 제307조(명예훼손), 제309조(출판
물등에 의한 명예훼손) 및 제311조(모욕)
의 죄

아. 「형법」 제2편제36장 주거침입의
죄 중 제321조(주거·신체 수색)의 죄

자. 「형법」 제2편제37장 권리행사를
방해하는 죄 중 제324조(강요) 및 제324
조의5(미수범)(제324조의 죄에만 해당한
다)의 죄

차. 「형법」 제2편제39장 사기와 공갈
의 죄 중 제350조(공갈), 제350조의2(특
수공갈) 및 제352조(미수범)(제350조, 제
350조의2의 죄에만 해당한다)의 죄

카. 「형법」 제2편제42장 손괴의 죄 중
제366조(재물손괴등)의 죄

타. 「아동복지법」 제71조제1항 각 호
의 죄(제3호의 죄는 제외한다)

파. 가목부터 타목까지의 죄로서 다른 법
률에 따라 가중처벌되는 죄

제7조(아동복지시설의 종사자 등에 대한 가중처벌) 제10조제2항 각 호에 따른 아동
학대 신고의무자가 보호하는 아동에 대하여 아동학대범죄를 범한 때에는 그 죄에
정한 형의 2분의 1까지 가중한다.

제8조(형벌과 수강명령 등의 병과) ① 법원은 아동학대행위자에 대하여 유죄판결(선
고유예는 제외한다)을 선고하면서 200시간의 범위에서 재범예방에 필요한 수강
명령(「보호관찰 등에 관한 법률」에 따른 수강명령을 말한다. 이하 같다) 또는 아동
학대 치료프로그램의 이수명령(이하 "이수명령"이라 한다)을 병과할 수 있다.

② 아동학대행위자에 대하여 제1항의 수강명령은 형의 집행을 유예할 경우에 그 집
행유예기간 내에서 병과하고, 이수명령은 벌금형 또는 징역형의 실형(實刑)을 선
고할 경우에 병과한다.

③ 법원이 아동학대행위자에 대하여 형의 집행을 유예하는 경우에는 제1항에 따른
수강명령 외에 그 집행유예기간 내에서 보호관찰 또는 사회봉사 중 하나 이상의
처분을 병과할 수 있다.

④ 제1항에 따른 수강명령 또는 이수명령은 형의 집행을 유예할 경우에는 그 집행유
예기간 내에, 벌금형을 선고할 경우에는 형 확정일로부터 6개월 이내에, 징역형
의 실형을 선고할 경우에는 형기 내에 각각 집행한다.

⑤ 제1항에 따른 수강명령 또는 이수명령이 벌금형 또는 형의 집행유예와 병과된 경

우에는 보호관찰소의 장이 집행하고, 징역형의 실형과 병과된 경우에는 교정시설의 장이 집행한다. 다만, 징역형의 실형과 병과된 이수명령을 모두 이행하기 전에 석방 또는 가석방되거나 미결구금일수 산입 등의 사유로 형을 집행할 수 없게 된 경우에는 보호관찰소의 장이 남은 이수명령을 집행한다.

⑥ 제1항에 따른 수강명령 또는 이수명령은 다음 각 호의 내용으로 한다.

    1. 아동학대 행동의 진단·상담
    2. 보호자로서의 기본 소양을 갖추게 하기 위한 교육
    3. 그 밖에 아동학대행위자의 재범예방을 위하여 필요한 사항

⑦ 형벌과 병과하는 보호관찰, 사회봉사, 수강명령 및 이수명령에 관하여 이 법에서 규정한 사항 외에는 「보호관찰 등에 관한 법률」을 준용한다.

제9조(친권상실청구 등) ① 아동학대행위자가 제5조 또는 제6조의 범죄를 저지른 때에는 검사는 그 사건의 아동학대행위자가 피해아동의 친권자나 후견인인 경우에 법원에 「민법」 제924조의 친권상실의 선고 또는 같은 법 제940조의 후견인의 변경 심판을 청구하여야 한다. 다만, 친권상실의 선고 또는 후견인의 변경 심판을 하여서는 아니 될 특별한 사정이 있는 경우에는 그러하지 아니하다.

② 검사가 제1항에 따른 청구를 하지 아니한 때에는 아동보호전문기관의 장은 검사에게 제1항의 청구를 하도록 요청할 수 있다. 이 경우 청구를 요청받은 검사는 요청받은 날부터 30일 내에 그 처리 결과를 아동보호전문기관의 장에게 통보하여야 한다.

③ 제2항 후단에 따라 처리 결과를 통보받은 아동보호전문기관의 장은 그 처리 결과에 대하여 이의가 있을 경우 통보받은 날부터 30일 내에 직접 법원에 제1항의 청구를 할 수 있다.

제3장 아동학대범죄의 처리절차에 관한 특례

제10조(아동학대범죄 신고의무와 절차) ① 누구든지 아동학대범죄를 알게 된 경우나 그 의심이 있는 경우에는 아동보호전문기관 또는 수사기관에 신고할 수 있다.

② 다음 각 호의 어느 하나에 해당하는 사람이 직무를 수행하면서 아동학대범죄를 알게 된 경우나 그 의심이 있는 경우에는 아동보호전문기관 또는 수사기관에 즉시 신고하여야 한다. 〈개정 2016. 5. 29.〉

1. 가정위탁지원센터의 장과 그 종사자
2. 아동복지시설의 장과 그 종사자(아동보호전문기관의 장과 그 종사자는 제외한다)
3. 「아동복지법」 제13조에 따른 아동복지전담공무원
4. 「가정폭력방지 및 피해자보호 등에 관한 법률」 제5조에 따른 가정폭력 관련 상담소 및 같은 법 제7조의2에 따른 가정폭력피해자 보호시설의 장과 그 종사자
5. 「건강가정기본법」 제35조에 따른 건강가정지원센터의 장과 그 종사자
6. 「다문화가족지원법」 제12조에 따른 다문화가족지원센터의 장과 그 종사자
7. 「사회복지사업법」 제14조에 따른 사회복지 전담공무원 및 같은 법 제34조에 따른 사회복지시설의 장과 그 종사자
8. 「성매매방지 및 피해자보호 등에 관한 법률」 제5조에 따른 지원시설 및 같은

법 제10조에 따른 성매매피해상담소의 장과 그 종사자

9. 「성폭력방지 및 피해자보호 등에 관한 법률」 제10조에 따른 성폭력피해상담소, 같은 법 제12조에 따른 성폭력피해자보호시설의 장과 그 종사자 및 같은 법 제18조에 따른 성폭력피해자통합지원센터의 장과 그 종사자

10. 「소방기본법」 제34조에 따른 구급대의 대원

11. 「응급의료에 관한 법률」 제2조제7호에 따른 응급의료기관등에 종사하는 응급구조사

12. 「영유아보육법」 제7조에 따른 육아종합지원센터의 장과 그 종사자 및 제10조에 따른 어린이집의 원장 등 보육교직원

13. 「유아교육법」 제20조에 따른 교직원 및 같은 법 제23조에 따른 강사 등

14. 삭제 〈2016. 5. 29.〉

15. 「의료법」 제3조제1항에 따른 의료기관의 장과 그 의료기관에 종사하는 의료인 및 의료기사

16. 「장애인복지법」 제58조에 따른 장애인복지시설의 장과 그 종사자로서 시설에서 장애아동에 대한 상담·치료·훈련 또는 요양 업무를 수행하는 사람

17. 「정신건강증진 및 정신질환자 복지서비스 지원에 관한 법률」 제3조제3호에 따른 정신건강복지센터, 같은 조 제5호에 따른 정신의료기관, 같은 조 제6호에 따른 정신요양시설 및 같은 조 제7호에 따른 정신재활시설의 장과 그 종사자

18. 「청소년기본법」 제3조제6호에 따른 청소년시설 및 같은 조 제8호에 따른 청소년단체의 장과 그 종사자

19. 「청소년 보호법」 제35조에 따른 청소년 보호·재활센터의 장과 그 종사자

20. 「초·중등교육법」 제19조에 따른 교직원, 같은 법 제19조의2에 따른 전문상담교사 및 같은 법 제22조에 따른 산학겸임교사 등

21. 「한부모가족지원법」 제19조에 따른 한부모가족복지시설의 장과 그 종사자

22. 「학원의 설립·운영 및 과외교습에 관한 법률」제6조에 따른 학원의 운영자·강사·직원 및 같은 법 제14조에 따른 교습소의 교습자·직원

23. 「아이돌봄 지원법」제2조제4호에 따른 아이돌보미

24. 「아동복지법」제37조에 따른 취약계층 아동에 대한 통합서비스지원 수행인력

25. 「입양특례법」제20조에 따른 입양기관의 장과 그 종사자

③ 누구든지 제1항 및 제2항에 따른 신고인의 인적 사항 또는 신고인임을 미루어 알 수 있는 사실을 다른 사람에게 알려주거나 공개 또는 보도하여서는 아니 된다.

※ 위의 각 호의 어느 하나에 해당하는 사람(아동학대범죄 신고의무)이 아동학대 가 발생한 사실을 알고 있음에도 신고하지 않으면 500만 원 이하의 과태료가 부과된다.

제11조(현장출동) ① 아동학대범죄 신고를 접수한 사법경찰관리나 아동보호전문기관의 직원은 지체 없이 아동학대범죄의 현장에 출동하여야 한다. 이 경우 수사기관의 장이나 아동보호전문기관의 장은 서로 동행하여 줄 것을 요청할 수 있으며, 그 요청을 받은 수사기관의 장이나 아동보호전문기관의 장은 정당한 사유가 없으면 사법경찰관리나 그 소속 직원이 아동학대범죄 현장에 동행하도록 조치하여야 한다.

② 아동학대범죄 신고를 접수한 사법경찰관리나 아동보호전문기관의 직원은 아동학대범죄가 행하여지고 있는 것으로 신고된 현장에 출입하여 아동 또는 아동학대행위자 등 관계인에 대하여 조사를 하거나 질문을 할 수 있다. 다만, 아동보호전문기관의 직원은 피해아동의 보호를 위한 범위에서만 아동학대행위자 등 관계인에

대하여 조사 또는 질문을 할 수 있다.

③ 제2항에 따라 출입이나 조사를 하는 사법경찰관리나 아동보호전문기관의 직원은
그 권한을 표시하는 증표를 지니고 이를 관계인에게 내보여야 한다.

④ 누구든지 제1항에 따라 현장에 출동한 사법경찰관리나 아동보호전문기관의 직원
이 제2항에 따른 업무를 수행할 때에 폭행·협박이나 현장조사를 거부하는 등 그
업무 수행을 방해하는 행위를 하여서는 아니 된다.

제12조(피해아동에 대한 응급조치) ① 제11조제1항에 따라 현장에 출동하거나 아동
학대범죄 현장을 발견한 사법경찰관리 또는 아동보호전문기관의 직원은 피해아동
보호를 위하여 즉시 다음 각 호의 조치(이하 "응급조치"라 한다)를 하여야 한다.
이 경우 제3호의 조치를 하는 때에는 피해아동의 의사를 존중하여야 한다(다만,
피해아동을 보호하여야 할 필요가 있는 등 특별한 사정이 있는 경우에는 그러하지
아니하다). 〈개정 2016. 5. 29.〉

1. 아동학대범죄 행위의 제지
2. 아동학대행위자를 피해아동으로부터 격리
3. 피해아동을 아동학대 관련 보호시설로 인도
4. 긴급치료가 필요한 피해아동을 의료기관으로 인도

② 사법경찰관리나 아동보호전문기관의 직원은 제1항제3호 및 제4호 규정에 따라 피해
아동을 분리·인도하여 보호하는 경우 지체 없이 피해아동을 인도받은 보호시설·
의료시설을 관할하는 특별시장·광역시장·특별자치시장·도지사·특별자치도지사

또는 시장·군수·구청장에게 그 사실을 통보하여야 한다. 〈개정 2016. 5. 29.〉

③ 제1항제2호부터 제4호까지의 규정에 따른 응급조치는 72시간을 넘을 수 없다. 다만, 검사가 제15조제2항에 따라 임시조치를 법원에 청구한 경우에는 법원의 임시조치 결정 시까지 연장된다.

④ 사법경찰관리 또는 아동보호전문기관의 직원이 제1항에 따라 응급조치를 한 경우에는 즉시 응급조치결과보고서를 작성하여야 하며, 아동보호전문기관의 직원이 응급조치를 한 경우 아동보호전문기관의 장은 작성된 응급조치결과보고서를 지체없이 관할 경찰서의 장에게 송부하여야 한다.

⑤ 제4항에 따른 응급조치결과보고서에는 피해사실의 요지, 응급조치가 필요한 사유, 응급조치의 내용 등을 기재하여야 한다.

⑥ 누구든지 아동보호전문기관의 직원이나 사법경찰관리가 제1항에 따른 업무를 수행할 때에 폭행·협박이나 응급조치를 저지하는 등 그 업무 수행을 방해하는 행위를 하여서는 아니 된다.

제13조(아동학대행위자에 대한 긴급임시조치) ① 사법경찰관은 제12조제1항에 따른 응급조치에도 불구하고 아동학대범죄가 재발될 우려가 있고, 긴급을 요하여 제19조제1항에 따른 법원의 임시조치 결정을 받을 수 없을 때에는 직권이나 피해아동, 그 법정대리인(아동학대행위자를 제외한다. 이하 같다), 변호사(제16조에 따른 변호사를 말한다. 제48조 및 제49조를 제외하고는 이하 같다) 또는 아동보호전문기관의 장의 신청에 따라 제19조제1항제1호부터 제3호까지의 어느 하나에 해당하는 조치를 할 수 있다.

② 사법경찰관은 제1항에 따른 조치(이하 "긴급임시조치"라 한다)를 한 경우에는 즉시 긴급임시조치결정서를 작성하여야 한다.

③ 제2항에 따른 긴급임시조치결정서에는 범죄사실의 요지, 긴급임시조치가 필요한 사유, 긴급임시조치의 내용 등을 기재하여야 한다.

이때, 피해아동에 대한 응급조치와 아동학대행위자에 대한 임시조치를 좀 더 자세히 살펴보면 다음 표와 같다.

제12조(피해아동에 대한 응급조치)	제19조(아동학대행위자에 대한 임시조치)
① 제11조제1항에 따라 현장에 출동하거나 아동학대범죄 현장을 발견한 사법경찰관리 또는 아동보호전문기관의 직원은 피해아동 보호를 위하여 즉시 다음 각 호의 조치(이하 "응급조치"라 한다)를 하여야 한다. 이 경우 제3호의 조치를 하는 때에는 피해아동의 의사를 존중하여야 한다(다만, 피해아동을 보호하여야 할 필요가 있는 등 특별한 사정이 있는 경우에는 그러하지 아니하다). 〈개정 2016. 5. 29.〉 1. 아동학대범죄 행위의 제지 2. 아동학대행위자를 피해아동으로부터 격리 3. 피해아동을 아동학대 관련 보호시설로 인도 4. 긴급치료가 필요한 피해아동을 의료기관으로 인도	① 판사는 아동학대범죄의 원활한 조사·심리 또는 피해아동 보호를 위하여 필요하다고 인정하는 경우에는 결정으로 아동학대행위자에게 다음 각 호의 어느 하나에 해당하는 조치(이하 "임시조치"라 한다)를 할 수 있다. 1. 피해아동 또는 가정구성원(「가정폭력범죄의 처벌 등에 관한 특례법」 제2조제2호에 따른 가정구성원을 말한다. 이하 같다)의 주거로부터 퇴거 등 격리 2. 피해아동 또는 가정구성원의 주거, 학교 또는 보호시설 등에서 100미터 이내의 접근 금지 3. 피해아동 또는 가정구성원에 대한 「전기통신기본법」 제2조제1호의 전기통신을 이용한 접근 금지 4. 친권 또는 후견인 권한 행사의 제한 또는 정지

5. 아동보호전문기관 등에의 상담 및 교육 위탁

6. 의료기관이나 그 밖의 요양시설에의 위탁

7. 경찰관서의 유치장 또는 구치소에의 유치

② 제1항 각 호의 처분은 병과할 수 있다.

③ 판사는 피해아동에 대하여 제12조제1항제2호부터 제4호까지의 규정에 따른 응급조치가 행하여진 경우에는 임시조치가 청구된 때로부터 24시간 이내에 임시조치 여부를 결정하여야 한다.

④ 제1항 각 호의 규정에 따른 임시조치 기간은 2개월을 초과할 수 없다. 다만, 피해아동의 보호를 위하여 그 기간을 연장할 필요가 있다고 인정하는 경우에는 결정으로 제1항제1호부터 제3호까지의 규정에 따른 임시조치는 두 차례만, 같은 항 제4호부터 제7호까지의 규정에 따른 임시조치는 한 차례만 각 기간의 범위에서 연장할 수 있다.

⑤ 제1항제6호에 따라 위탁을 하는 경우에는 의료기관 등의 장에게 아동학대행위자를 보호하는 데에 필요한 사항을 부과할 수 있다.

⑥ 제1항제6호에 따라 민간이 운영하는 의료기관 등에 아동학대행위자를 위탁하려는 경우에는 제5항에 따라 부과할 사

항을 그 의료기관 등의 장에게 미리 고지하고 동의를 받아야 한다.

⑦ 법원은 제1항에 따른 임시조치를 결정한 경우에는 검사 및 피해아동, 그 법정대리인, 변호사 또는 피해아동을 보호하고 있는 기관의 장에게 통지하여야 한다.

⑧ 제1항제5호에 따른 상담 및 교육을 행한 아동보호전문기관의 장 등은 그 결과보고서를 판사와 검사에게 제출하여야 한다.

⑨ 제1항 각 호의 위탁 대상이 되는 상담소, 의료기관, 요양시설 등의 기준과 위탁의 절차 및 제7항에 따른 통지의 절차 등 그 밖에 필요한 사항은 대법원규칙으로 정한다.

제4장 아동보호사건

제19조(아동학대행위자에 대한 임시조치) ① 판사는 아동학대범죄의 원활한 조사·심리 또는 피해아동 보호를 위하여 필요하다고 인정하는 경우에는 결정으로 아동학대행위자에게 다음 각 호의 어느 하나에 해당하는 조치(이하 "임시조치"라 한다)를 할 수 있다.

1. 피해아동 또는 가정구성원(「가정폭력범죄의 처벌 등에 관한 특례법」 제2조제2호에 따른 가정구성원을 말한다. 이하 같다)의 주거로부터 퇴거 등 격리
2. 피해아동 또는 가정구성원의 주거, 학교 또는 보호시설 등에서 100미터 이

내의 접근 금지

3. 피해아동 또는 가정구성원에 대한 「전기통신기본법」 제2조제1호의 전기통신을 이용한 접근 금지

4. 친권 또는 후견인 권한 행사의 제한 또는 정지

5. 아동보호전문기관 등에의 상담 및 교육 위탁

6. 의료기관이나 그 밖의 요양시설에의 위탁

7. 경찰관서의 유치장 또는 구치소에의 유치

② 제1항 각 호의 처분은 병과할 수 있다.

③ 판사는 피해아동에 대하여 제12조제1항제2호부터 제4호까지의 규정에 따른 응급조치가 행하여진 경우에는 임시조치가 청구된 때로부터 24시간 이내에 임시조치 여부를 결정하여야 한다.

④ 제1항 각 호의 규정에 따른 임시조치기간은 2개월을 초과할 수 없다. 다만, 피해아동의 보호를 위하여 그 기간을 연장할 필요가 있다고 인정하는 경우에는 결정으로 제1항제1호부터 제3호까지의 규정에 따른 임시조치는 두 차례만, 같은 항 제4호부터 제7호까지의 규정에 따른 임시조치는 한 차례만 각 기간의 범위에서 연장할 수 있다.

⑤ 제1항제6호에 따라 위탁을 하는 경우에는 의료기관 등의 장에게 아동학대행위자를 보호하는 데에 필요한 사항을 부과할 수 있다.

⑥ 제1항제6호에 따라 민간이 운영하는 의료기관 등에 아동학대행위자를 위탁하려는 경우에는 제5항에 따라 부과할 사항을 그 의료기관 등의 장에게 미리 고지하

고 동의를 받아야 한다.

⑦ 법원은 제1항에 따른 임시조치를 결정한 경우에는 검사 및 피해아동, 그 법정대리인, 변호사 또는 피해아동을 보호하고 있는 기관의 장에게 통지하여야 한다.

⑧ 제1항제5호에 따른 상담 및 교육을 행한 아동보호전문기관의 장 등은 그 결과보고서를 판사와 검사에게 제출하여야 한다.

⑨ 제1항 각 호의 위탁 대상이 되는 상담소, 의료기관, 요양시설 등의 기준과 위탁의 절차 및 제7항에 따른 통지의 절차 등 그 밖에 필요한 사항은 대법원규칙으로 정한다. (중략)

제23조(임시로 후견인의 임무를 수행할 사람) ① 판사는 제19조제1항제4호의 임시조치로 인하여 피해아동에게 친권을 행사하거나 후견인의 임무를 수행할 사람이 없는 경우 그 임시조치의 기간 동안 특별시장 · 광역시장 · 특별자치시장 · 도지사 · 특별자치도지사 · 시장 · 군수 · 구청장 · 아동보호전문기관의 장 및 가정위탁지원센터의 장으로 하여금 임시로 후견인의 임무를 수행하게 하거나 그 임무를 수행할 사람을 선임하여야 한다. 〈개정 2016. 5. 29.〉

② 제1항의 경우 판사는 해당 피해아동의 의견을 존중하여야 하며, 피해아동, 변호사, 아동보호전문기관의 장 및 가정위탁지원센터의 장 등 피해아동을 보호하고 있는 사람은 그 선임에 관하여 의견을 제시할 수 있다. 〈개정 2016. 5. 29.〉

③ 법원이 제1항에 따른 조치를 한 경우에는 그 사실을 피해아동, 변호사, 아동보호전문기관의 장 및 가정위탁지원센터의 장 등 피해아동을 보호하고 있는 사람에게

고지하여야 한다. 〈개정 2016. 5. 29.〉

④ 제1항에 따라 임시로 후견인의 임무를 수행하는 사람은 피해아동 소유 재산의 보존 및 피해아동의 보호를 위한 범위에서만 후견인의 임무를 수행할 수 있다.

⑤ 임시로 후견인의 임무를 수행하는 사람에 대해서는 「민법」 제949조를 준용한다.

⑥ 임시로 후견인의 임무를 수행하는 사람에 대한 선임, 사임 및 변경의 절차 등에 필요한 사항은 대법원규칙으로 정한다. (중략)

제36조(보호처분의 결정 등) ① 판사는 심리의 결과 보호처분이 필요하다고 인정하는 경우에는 결정으로 다음 각 호의 어느 하나에 해당하는 보호처분을 할 수 있다.

1. 아동학대행위자가 피해아동 또는 가정구성원에게 접근하는 행위의 제한
2. 아동학대행위자가 피해아동 또는 가정구성원에게 「전기통신기본법」 제2조제1호의 전기통신을 이용하여 접근하는 행위의 제한
3. 피해아동에 대한 친권 또는 후견인 권한 행사의 제한 또는 정지
4. 「보호관찰 등에 관한 법률」에 따른 사회봉사·수강명령
5. 「보호관찰 등에 관한 법률」에 따른 보호관찰
6. 법무부장관 소속으로 설치한 감호위탁시설 또는 법무부장관이 정하는 보호시설에의 감호위탁
7. 의료기관에의 치료위탁
8. 아동보호전문기관, 상담소 등에의 상담위탁

② 제1항 각 호의 처분은 병과할 수 있다.

③ 제1항제3호의 처분을 하는 경우에는 피해아동을 아동학대행위자가 아닌 다른 친권자나 친족 또는 아동복지시설 등으로 인도할 수 있다.

④ 판사가 제1항제3호의 보호처분을 하는 경우 보호처분의 기간 동안 임시로 후견인의 임무를 수행할 사람의 선임 등에 대하여는 제23조를 준용한다.

⑤ 법원은 제1항에 따라 보호처분의 결정을 한 경우에는 지체 없이 그 사실을 검사, 아동학대행위자, 피해아동, 법정대리인, 변호사, 보호관찰관 및 보호처분을 위탁받아 하는 보호시설, 의료기관, 아동보호전문기관 또는 상담소 등(이하 "수탁기관"이라 한다)의 장에게 통지하여야 한다. 다만, 수탁기관이 국가나 지방자치단체가 운영하는 기관이 아닌 경우에는 그 기관의 장으로부터 수탁에 대한 동의를 받아야 한다.

⑥ 제1항제4호부터 제8호까지의 규정에 따라 처분을 한 경우에는 법원은 아동학대행위자의 교정에 필요한 참고자료를 보호관찰관 또는 수탁기관의 장에게 보내야 한다.

⑦ 제1항제6호의 감호위탁기관은 아동학대행위자에 대하여 그 성행을 교정하기 위한 교육을 하여야 한다.

제5장 피해아동보호명령

제47조(가정법원의 피해아동에 대한 보호명령) ① 판사는 직권 또는 피해아동, 그 법정대리인, 변호사, 아동보호전문기관의 장의 청구에 따라 결정으로 피해아동의 보호를 위하여 다음 각 호의 피해아동보호명령을 할 수 있다. 〈개정 2017. 12. 19.〉

1. 아동학대행위자를 피해아동의 주거지 또는 점유하는 방실(房室)로부터의 퇴거 등 격리

2. 아동학대행위자가 피해아동 또는 가정구성원에게 접근하는 행위의 제한

3. 아동학대행위자가 피해아동 또는 가정구성원에게 「전기통신기본법」 제2조제1호의 전기통신을 이용하여 접근하는 행위의 제한

4. 피해아동을 아동복지시설 또는 장애인복지시설로의 보호위탁

5. 피해아동을 의료기관으로의 치료위탁

5의2. 피해아동을 아동보호전문기관, 상담소 등으로의 상담·치료위탁

6. 피해아동을 연고자 등에게 가정위탁

7. 친권자인 아동학대행위자의 피해아동에 대한 친권 행사의 제한 또는 정지

8. 후견인인 아동학대행위자의 피해아동에 대한 후견인 권한의 제한 또는 정지

9. 친권자 또는 후견인의 의사표시를 갈음하는 결정

② 제1항 각 호의 처분은 병과할 수 있다.

③ 판사가 제1항 각 호의 피해아동보호명령을 하는 경우 피해아동, 그 법정대리인, 변호사 또는 아동보호전문기관의 장은 관할 법원에 대하여 필요한 의견을 진술할 수 있다.

④ 판사가 제1항제7호 및 제8호의 피해아동보호명령을 하는 경우 피해아동보호명령의 기간 동안 임시로 후견인의 임무를 수행할 자의 선임 등에 대하여는 제23조를 준용한다.

⑤ 제1항제4호·제5호·제5호의2·제6호의 규정에 따른 위탁 대상이 되는 아동복지시설, 의료기관, 아동보호전문기관·상담소 등, 연고자 등의 기준과 위탁의 절

차 및 집행 등에 필요한 사항은 대법원규칙으로 정한다. 〈개정 2017. 12. 19.〉

⑥ 판사는 제1항제5호의2에 따른 피해아동보호명령을 하는 경우 필요하다고 인정하는 때에는 피해아동의 보호자를 그 과정에 참여시킬 수 있다. 〈신설 2017. 12. 19.〉

제51조(피해아동보호명령의 기간) ① 제47조제1항제1호부터 제5호까지, 제5호의2 및 제6호부터 제8호까지의 피해아동보호명령의 기간은 1년을 초과할 수 없다. 다만, 관할 법원의 판사는 피해아동의 보호를 위하여 그 기간의 연장이 필요하다고 인정하는 경우 직권 또는 피해아동, 그 법정대리인, 변호사의 청구에 따른 결정으로 3개월 단위로 그 기간을 연장할 수 있다. 〈개정 2017. 12. 19.〉

② 제1항에 따라 기간을 연장하더라도 피해아동보호명령의 총 기간은 4년을 초과할 수 없다.

제52조(피해아동에 대한 임시보호명령) ① 관할 법원의 판사는 제47조에 따른 피해아동보호명령의 청구가 있는 경우에 피해아동 보호를 위하여 필요하다고 인정하는 때에는 결정으로 임시로 제47조제1항 각 호의 어느 하나에 해당하는 조치(이하 "임시보호명령"이라 한다)를 할 수 있다.

② 임시보호명령의 기간은 피해아동보호명령의 결정 시까지로 한다. 다만, 판사는 필요하다고 인정하는 경우에는 그 기간을 제한할 수 있다.

③ 판사가 제47조제1항제7호 및 제8호에 따라 임시보호명령을 한 경우 그 임시보호명령의 기간 동안 임시로 후견인의 임무를 수행할 자의 선임 등에 대하여는 제23조를 준용한다.

④ 임시보호명령의 집행 및 취소와 변경에 대하여는 제50조를 준용한다. 이 경우 "피해아동보호명령"은 "임시보호명령"으로 본다.

출처: 국가법령정보센터(www.law.go.kr).

친권상실선고란 ?

"친권"이란 미성년인 자녀가 행복한 삶을 누릴 수 있도록 기본적인 여건을 조성하고 조화롭게 성장 · 발달할 수 있도록 경제적 · 사회적 · 정서적 지원을 하는 부모의 권리이자 의무의 성격을 갖는 것을 말한다(「아동복지법」 제3조제2호 참조).

"친권상실선고"란 부 또는 모가 친권을 남용하거나 현저한 비행, 그 밖에 친권을 행사할 수 없는 중대한 사유가 있는 경우 법원이 시 · 도지사, 시장 · 군수 · 구청장 또는 검사의 청구로 그 친권의 상실을 선고하는 것을 말한다(「아동복지법」 제18조제1항 참조).

친권상실선고의 청구

친권상실선고를 청구하도록 요청하는 사람

· 아동복지전담기관의 장, 아동복지시설의 장 및 「초 · 중등교육법」에 따른 학교의 장은 친권상실 선고를 청구해야 할 사유가 있음을 발견한 경우 시 · 도지사, 시장 · 군수 · 구청장 또는 검사에게 법원에 친권행사의 제한 또는 친권상실의 선고를 청구하도록 요청할 수 있다(「아동복지법」 제18조제2항).

친권상실선고를 청구하는 사람

· 시 · 도지사, 시장 · 군수 · 구청장 또는 검사는 아동의 친권자가 그 친권을 남용하거나 현저한 비행이나 아동학대, 그 밖에 친권을 행사할 수 없는 중대한 사유가 있는 것을 발견한 경우 아동의 복지를 위해 필요하다고 인정하면 법원에 친권행사의 제한 또는 친권상실의 선고를 청구해야 한다(「아동복지법」 제18조제1항).

· 아동학대 행위자가 아동학대중상해 또는 상습적으로 아동학대범죄(「아동학대범죄의 처벌 등에 관한 특례법」 제5조 또는 제6조)를 저지른 때에는 검사는 그 사건의 아동학

대 행위자가 피해아동의 친권자인 경우에 법원에 친권상실의 선고를 청구해야 한다
(「아동학대범죄의 처벌 등에 관한 특례법」제9조제1항 본문).

• 검사가 친권상실의 선고를 청구를 하지 않은 때에는 아동보호전문기관의 장은 검
사에게 친권상실의 선고 청구를 하도록 요청할 수 있으며 이 경우 청구를 요청받은
검사는 요청받은 날부터 30일 내에 그 처리 결과를 아동보호전문기관의 장에게 통보
해야 한다(「아동학대범죄의 처벌 등에 관한 특례법」제9조제2항).

• 시·도지사, 시장·군수·구청장 또는 검사는 친권행사의 제한 또는 친권상실의
선고 청구를 할 경우 해당 아동의 의견을 존중해야 한다(「아동복지법」제18조제3항).

후견인 선임 또는 변경 청구

후견인 선임 등을 청구하는 사람

• 시·도지사, 시장·군수·구청장, 아동복지전담기관의 장, 아동복지시설의 장
및 학교의 장은 친권자 또는 후견인이 없는 아동을 발견한 경우 그 복지를 위해 필요하
다고 인정할 경우 법원에 후견인의 선임을 청구해야 한다(「아동복지법」제19조제1항).

> ※ "미성년후견인"이란 미성년자에게 친권자가 없거나 친권의 전부 또는 일부를
> 행사할 수 없는 경우 법원이 직권으로 또는 미성년자, 친척, 이해관계인, 검
> 사, 지방자치단체의 장의 청구로 선임하는 사람으로 친권자를 대신해 대리권
> 및 재산관리권 등을 행사할 수 있는 사람을 말한다(「민법」제928조 및 932조
> 참조).

• 시·도지사, 시장·군수·구청장, 아동복지전담기관의 장, 아동복지시설의 장,
학교의 장 또는 검사는 후견인이 해당 아동을 학대하는 등 현저한 비행을 저지른 경
우 후견인 변경을 법원에 청구해야 한다(「아동복지법」제19조제2항).

• 아동학대 행위자가 아동학대중상해 또는 상습적으로 아동학대범죄(「아동학대범죄의 처벌 등에 관한 특례법」 제5조 또는 제6조)를 저지른 때에는 검사는 그 사건의 아동학대 행위자가 피해아동의 후견인인 경우에 법원에 후견인의 변경 심판을 청구해야 한다(「아동학대범죄의 처벌 등에 관한 특례법」 제9조제1항 본문).

• 검사가 후견인의 변경 심판을 청구를 하지 않은 때에는 아동보호전문기관의 장은 검사에게 후견인의 변경 심판의 청구를 하도록 요청할 수 있으며 이 경우 청구를 요청받은 검사는 요청받은 날부터 30일 내에 그 처리 결과를 아동보호전문기관의 장에게 통보해야 한다(「아동학대범죄의 처벌 등에 관한 특례법」 제9조제2항).

임시 후견인

• 법원은 후견인이 없는 아동에게 후견인을 선임하기 전까지 시 · 도지사, 시장 · 군수 · 구청장 및 아동복지전담기관의 장으로 하여금 임시로 그 아동의 후견인 역할을 하게 할 수 있다(「아동복지법」 제20조제2항 전단).

• 후견인의 선임 또는 변경 청구 등을 할 경우 해당 아동의 의견을 존중해야 한다(「아동복지법」 제19조제3항 및 제20조제2항 후단).

김병수, 김정현(2013). 스트레스척도 핸드북. 서울: 학지사.

김유숙, 최지원, 안미옥(2014). 내러티브 실천: 마이클 화이트와의 대화. 서울: 학지사.

박상옥(2014). 아동학대 행위자 치료프로그램 개발-행위자 특성조사 및 기초 매뉴얼 개발-. 한국형사정책연구원.

보건복지부, 중앙아동보호전문기관(2016). 전국아동학대현황보고서.

보건복지부, 한국보건복지인력개발원(2013). 아동권리에 기반한 부모교육.

송길연, 장유경, 이지연, 정윤경 역(2009). 발달심리학. 서울: 시그마프레스.

윤정숙, 박성훈, 김진석(2014). 아동학대 행위자 치료 프로그램 개발: 행위자 특성조사 및 기초매뉴얼 개발. 한국형사정책연구원.

이현순(2014). 어린이집 아동학대 영향 요인에 관한 연구: 전국 어린이집 보육교사의 인식을 중심으로. 건국대학교 박사학위논문.

정은(2014). 인간행동과 사회환경(2판). 서울: 학지사.

중앙아동보호전문기관(2016). 아동학대 예방을 위한 바람직한 훈육방법.

최명선, 송현정(2014). 형제자매 갈등 대처하기. 서울: 이담북스.

APA(2015). 정신질환의 진단 및 통계 편람(제5판) (*Diagnostic and Statistical Manual of Mental Disorders*). (권준수 외 공역). 서울: 학지사. (원저는 2013년에 출판).

Goulston, M. (2010). 뱀의 뇌에게 말을 걸지 마라(*Just listen: discover the secret to getting through to absolutely anyone*). 서울: 타임비즈. (원저는 2009년에 출판).

국가법령정보센터. www.law.go.kr

네이버 지식백과. '아동학대'. www.terms.naver.com

중앙아동보호전문기관. www.korea1391.go.kr

찾아
보기

저자 소개

김유숙

일본 동경대학교 의학부 보건학박사(임상심리 전공)

현 서울여자대학교 교육심리학과 명예교수
한스카운셀링센터 소장

최지원

서울여자대학교 교육심리학과 문학박사(상담 및 임상심리 전공)

현 한스카운셀링센터 부소장

김사라

서울여자대학교 교육심리학과 문학박사(상담 및 임상심리 전공)

현 한스카운셀링센터 수석 상담연구원

| 아동과 청소년 문제해결 시리즈 6 |

 학대를 경험한 아동 · 학대 속에서 성장하고 있는 아이를 어떻게 도울 것인가? ·

초판 1쇄 발행 2019년 5월 10일

지은이 김유숙 · 최지원 · 김사라
발행인 김진환

발행처 (주)학지사

임프린트 이너북스 주소 서울특별시 마포구 양화로 15길 20 마인드월드빌딩
대표전화 02)330-5114 팩스 02)324-2345
출판신고 제313-2006-000238호
홈페이지 http://www.hakjisa.co.kr

ISBN 978-89-92654-50-0 03180

※잘못된 책은 구입하신 곳에서 바꾸어 드립니다.
※책값은 뒤표지에 있습니다.
※ 이너북스 는 (주)학지사의 단행본 브랜드입니다.

출판 · 교육 · 미디어기업 학지사

간호보건의학출판 학지사메디컬 www.hakjisamd.co.kr
심리검사연구소 인싸이트 www.inpsyt.co.kr
학술논문서비스 뉴논문 www.newnonmun.com
원격교육연수원 카운피아 www.counpia.com